Cuisine Paléo

Retrouvez l'Harmonie avec une Alimentation Naturelle

Pauline Dubois

Indice

Steaks de contre-filet grillés avec hachis de légumes-racines râpés 9
Sauté asiatique de viande et de légumes 11
Filets de planches de cèdre avec salade de chou asiatique et salade de chou 13
Steaks Tri-Tip grillés avec Peperonata de chou-fleur 16
Steaks de fer plat au poivre, sauce champignons-Dijon 18
steaks 18
sauce 18
Steaks grillés, oignons caramélisés au chipotle et salade de persil 21
steaks 21
Salade de persil 21
oignon caramélisé 21
Ribeyes grillés avec oignon aux herbes et « beurre » à l'ail 24
Salade de faux-filet aux betteraves grillées 26
Côtes levées à la coréenne avec chou sauté et gingembre 28
Côte de bœuf à la gremolata aux agrumes et fenouil 31
Côtes 31
Citrouille rôtie 31
gremolata 31
Burgers de bœuf à la suédoise avec salade de concombre à la moutarde et à l'aneth 34
Salade de concombre 34
Burgers au boeuf 34
Burgers de bœuf recouverts de roquette et de légumes-racines rôtis 38
Burgers de bœuf grillés à la tomate en croûte de sésame 41
Burgers sur bâtonnet sauce Baba Ghanoush 44
Poivrons farcis fumés 46
Burgers de bison avec oignons cabernet et roquette 49
Pain de viande de bison et d'agneau avec blettes et patates douces 52
Boulettes de bison aux groseilles et compote de pommes avec pappardelles de courgettes 55
Boulettes de viande 55
Sauce aux pommes et aux groseilles 55

Pappardelles de courgettes 56
Bolognaise au bison et aux cèpes avec spaghettis à l'ail rôti 58
Chili de bison au bœuf 61
Steaks de bison aux épices marocaines et citrons grillés 63
Rôti de longe de bison aux herbes de Provence 65
Côte de bison braisée au café avec gremolata à la mandarine et purée de céleri-rave 67
mariné 67
Faire sauter 67
Bouillon d'os de boeuf 70
Épaule de porc assaisonnée aux épices tunisiennes avec frites de patates douces épicées 72

Porc 72

frites 72

Épaule de porc grillée à la cubaine 75
Rôti de porc italien aux épices et légumes 78
Taupe de porc à la mijoteuse 80
Porc épicé au carvi et ragoût de potiron 82
Rôti de surlonge farci aux fruits, sauce au cognac 84

Rôtir 84

Sauce au cognac 84
Rôti de porc façon porchetta 87
Longe de porc rôtie aux tomates 89
Longe de porc farcie à l'abricot 91
Filet de porc en croûte d'herbes et huile d'ail croustillante 93
Porc aux épices indiennes avec sauce à la noix de coco 95
Escalopes de porc aux pommes et châtaignes assaisonnées 96
Fajita de porc sauté 99
Longe de porc au porto et aux prunes 101
Porc façon Moo Shu dans des coupes de laitue avec légumes marinés rapidement 103

Légumes marinés 103

Porc 103

Côtelettes de porc aux macadamias, sauge, figues et purée de patate douce 105
Côtelettes de porc poêlées au romarin et à la lavande, avec raisins et noix rôties 107
Côtelettes de porc à la Fiorentina avec rabe de brocoli grillé 109

Côtelettes de porc farcies aux endives 112
Côtelettes de porc en croûte de Dijon et pacanes 115
Porc en croûte de pacanes avec salade d'épinards et de canneberges 117
Escalope de porc au chou rouge aigre-doux 119
Chou 119
Porc 119
Dinde rôtie avec purée de racines d'ail 121
Poitrine de dinde farcie au pesto et salade de roquette 124
Poitrine de dinde assaisonnée de sauce barbecue aux cerises 126
Longe de dinde braisée au vin 128
Poitrine de dinde sautée avec sauce aux scampis à la ciboulette 131
Cuisses de dinde rôties aux légumes-racines 133
Pain de viande de dinde aux herbes avec ketchup à l'oignon caramélisé et quartiers de chou rôti 135
Pousole de dinde 137
bouillon d'os de poulet 139
Saumon vert harissa 142
Saumon 142
Harissa 142
Graines de tournesol assaisonnées 142
salade 143
Saumon grillé et salade de cœurs d'artichauts marinés 146
Saumon chili à la sauge rôti flash avec sauce tomate verte 148
Saumon 148
Sauce Tomate Verte 148
Saumon rôti et asperges en papillote au pesto de citron et noisettes 151
Saumon assaisonné de compote de champignons et pommes 153
Sole en Papillote avec Julienne de Légumes 156
Tacos de poisson au pesto de roquette et crème de citron fumé 158
Sole en croûte d'amandes 160
Cabillaud grillé et sachets de courgettes, sauce piquante à la mangue et au basilic 163
Morue au Riesling avec tomates farcies au pesto 165
Morue grillée en croûte de pistaches et de coriandre sur purée de patates douces 167
Morue au romarin et mandarine avec brocoli rôti 169

Wraps de laitue de morue au curry et radis marinés 171
Aiglefin rôti au citron et fenouil 173
Vivaneau en croûte de pacanes avec rémoulade et gombo et tomates à la cajun .. 175
Galettes de thon à l'estragon, aïoli avocat et citron 178
Tajine contrebasse 181
Flétan à l'ail et sauce aux crevettes avec soffrito de chou frisé 183
Bouillabaisse aux fruits de mer 186
Ceviche de crevettes classique 188
Salade de crevettes et épinards avec croûte de noix de coco 191
Ceviche de crevettes tropicales et pétoncles 193
Crevettes jerk jamaïcaines à l'huile d'avocat 195
Langoustines aux crevettes, épinards fanés et radicchio 196
Salade de crabe à l'avocat, pamplemousse et jicama 198
Queue de Homard Cajun Bouillie avec Aïoli à l'Estragon 200
Frites de moules à l'aïoli au safran 202
frites 202
Aïoli au safran 202
Moules 202
Pétoncles poêlés avec relish de betterave 205
Pétoncles poêlés avec salsa de concombre et d'aneth 208
Pétoncles poêlés avec sauce tomate, huile d'olive et herbes 211
Pétoncles et sauce 211
salade 211
Chou-fleur rôti au cumin, fenouil et ciboulette 213
Sauce épaisse aux tomates et aubergines avec courge spaghetti 215
Champignons Portobello farcis 217
Radicchio rôti 219

STEAKS DE CONTRE-FILET GRILLES AVEC HACHIS DE LEGUMES-RACINES RAPES

PREPARATION:20 minutes de repos : 20 minutes de grillage : 10 minutes de repos : 5 minutes Pour : 4 portions

LES CONTRE-FILET ONT UNE TEXTURE TRES TENDRE,ET LA PETITE BANDE DE GRAISSE D'UN COTE DU STEAK DEVIENT CROUSTILLANTE ET FUMEE SUR LE GRILL. MA VISION DE LA GRAISSE ANIMALE A CHANGE DEPUIS MON PREMIER LIVRE. SI VOUS RESPECTEZ LES PRINCIPES DE BASE DU REGIME PALEO® ET LIMITEZ LES GRAISSES SATUREES A 10 A 15 % DE VOS CALORIES QUOTIDIENNES, CELA N'AUGMENTERA PAS VOTRE RISQUE DE MALADIE CARDIAQUE ET, EN FAIT, LE CONTRAIRE POURRAIT ETRE VRAI. DE NOUVELLES INFORMATIONS SUGGERENT QUE DES ELEVATIONS DU CHOLESTEROL LDL POURRAIENT EN FAIT REDUIRE L'INFLAMMATION SYSTEMIQUE, QUI CONSTITUE UN FACTEUR DE RISQUE DE MALADIE CARDIAQUE.

- 3 cuillères à soupe d'huile d'olive extra vierge
- 2 cuillères à soupe de radis frais râpé
- 1 cuillère à café de zeste d'orange finement râpé
- ½ cuillère à café de cumin moulu
- ½ cuillère à café de poivre noir
- 4 contre-filet (également appelé surlonge), coupés à environ 1 pouce d'épaisseur
- 2 manioc moyens, pelés
- 1 grosse patate douce, pelée
- 1 navet moyen, pelé
- 1 ou 2 échalotes finement hachées
- 2 gousses d'ail, hachées
- 1 cuillère à soupe de thym frais haché

1. Dans un petit bol, mélanger 1 cuillère à soupe d'huile, le raifort, le zeste d'orange, le cumin et ¼ de cuillère à café de poivre. Étalez le mélange sur les steaks; couvrir et laisser à température ambiante pendant 15 minutes.

2. Pendant ce temps, pour le hachis, à l'aide d'une râpe ou d'un robot culinaire muni de la lame à râper, râpez les panais, la patate douce et le navet. Placer les légumes hachés dans un grand bol; ajouter l'échalote(s). Dans un petit bol, mélanger les 2 cuillères à soupe d'huile restantes, le ¼ de cuillère à café de poivre, l'ail et le thym restants. Arroser de légumes; remuer pour bien mélanger. Pliez un morceau de papier d'aluminium de 36 × 18 pouces en deux pour obtenir une double épaisseur de papier d'aluminium mesurant 18 × 18 pouces. Placer le mélange de légumes au centre du papier d'aluminium; Apportez les bords opposés du papier d'aluminium et scellez avec un double pli. Pliez les bords restants pour enfermer complètement les légumes, laissant ainsi la place à la formation de vapeur.

3. Pour un gril au charbon de bois ou au gaz, placez les steaks et le sachet de papier d'aluminium directement sur le gril à feu moyen. Couvrir et griller les steaks pendant 10 à 12 minutes pour une cuisson mi-saignante (145°F) ou 12 à 15 minutes pour une cuisson moyenne (160°F), en les retournant une fois à mi-cuisson. Griller le paquet pendant 10 à 15 minutes ou jusqu'à ce que les légumes soient tendres. Laissez les steaks reposer 5 minutes pendant que les légumes finissent de cuire. Répartissez le hachis de légumes dans quatre assiettes de service; garnir de steaks.

SAUTE ASIATIQUE DE VIANDE ET DE LEGUMES

PREPARATION:30 minutes de cuisson : 15 minutes donnent : 4 portions

LA POUDRE AUX CINQ EPICES EST UN MELANGE D'EPICES SANS SEL LARGEMENT UTILISE DANS LA CUISINE CHINOISE. IL SE COMPOSE A PARTS EGALES DE CANNELLE MOULUE, DE CLOUS DE GIROFLE, DE GRAINES DE FENOUIL, D'ANIS ETOILE ET DE POIVRE DU SICHUAN.

- 1½ livre de steak de surlonge désossé ou de steak rond de bœuf désossé, coupé à 1 pouce d'épaisseur
- 1 ½ cuillères à café de poudre de cinq épices
- 3 cuillères à soupe d'huile de coco raffinée
- 1 petit oignon rouge, coupé en fines tranches
- 1 petite poignée d'asperges (environ 12 onces), parées et coupées en morceaux de 3 pouces
- 1 ½ tasse de carottes orange et/ou jaunes, coupées en julienne
- 4 gousses d'ail, hachées
- 1 cuillère à café de zeste d'orange finement râpé
- ¼ tasse de jus d'orange frais
- ¼ tasse de bouillon d'os de bœuf (voir revenu) ou bouillon de viande non salé
- ¼ tasse de vinaigre de vin blanc
- ¼ à ½ cuillère à café de poivron rouge broyé
- 8 tasses de chou napa haché grossièrement
- ½ tasse d'éclats d'amandes non salées ou de noix de cajou non salées, hachées grossièrement et grillées (voir conseil page 57)

1. Si vous le souhaitez, congelez partiellement la viande pour faciliter la découpe (environ 20 minutes). Coupez la viande en tranches très fines. Dans un grand bol, mélanger la viande et la poudre aux cinq épices. Dans un grand wok ou une très grande poêle, faites chauffer 1 cuillère à soupe

d'huile de noix de coco à feu moyen-vif. Ajouter la moitié de la viande; cuire et remuer pendant 3 à 5 minutes ou jusqu'à ce qu'il soit doré. Transférez la viande dans un bol. Répétez avec le reste de la viande et 1 cuillère à soupe supplémentaire d'huile. Transférez la viande dans le bol avec l'autre viande cuite.

2. Dans le même wok, ajoutez 1 cuillère à soupe d'huile restante. Ajouter l'oignon; cuire et remuer pendant 3 minutes. Ajouter les asperges et les carottes; cuire et remuer pendant 2 à 3 minutes ou jusqu'à ce que les légumes soient tendres et croquants. Ajouter l'ail; cuire et remuer encore 1 minute.

3. Pour la sauce, dans un petit bol, mélanger le zeste d'orange, le jus d'orange, le bouillon d'os de bœuf, le vinaigre et le poivron rouge broyé. Ajouter la sauce et toute la viande avec son jus dans un bol aux légumes du wok. Cuire et remuer pendant 1 à 2 minutes ou jusqu'à ce que le tout soit bien chaud. À l'aide d'une écumoire, transférez les légumes de bœuf dans un grand bol. Couvrir pour garder au chaud.

4. Cuire la sauce, à découvert, à feu moyen pendant 2 minutes. Ajouter le chou; cuire et remuer pendant 1 à 2 minutes ou jusqu'à ce que le chou soit juste fané. Répartissez le chou et le jus de cuisson éventuel dans quatre assiettes de service. Enrober uniformément du mélange de viande. Saupoudrer de noix.

FILETS DE PLANCHES DE CEDRE AVEC SALADE DE CHOU ASIATIQUE ET SALADE DE CHOU

ABSORBER:1 heure de préparation : 40 minutes grill : 13 minutes repos : 10 minutes donne : 4 portions.

LE CHOU NAPA EST PARFOIS APPELE CHOU CHINOIS.IL A DE BELLES FEUILLES RIDEES DE COULEUR CREME AVEC DES POINTES JAUNE-VERT VIF. IL A UNE SAVEUR ET UNE TEXTURE DELICATES ET DOUCES, TRES DIFFERENTES DES FEUILLES CIREUSES DU CHOU ROND, ET, SANS SURPRISE, IL EST NATUREL DANS LES PLATS DE STYLE ASIATIQUE.

1 grande planche de cèdre
¼ once de champignons shiitake séchés
¼ tasse d'huile de noix
2 cuillères à café de gingembre frais haché
2 cuillères à café de poivron rouge moulu
1 cuillère à café de poivre de Sichuan broyé
¼ cuillère à café de poudre de cinq épices
4 gousses d'ail, hachées
4 steaks de surlonge de bœuf de 4 à 5 onces, coupés de ¾ à 1 pouce d'épaisseur
Salade asiatique (voir revenu, ci-dessous)

1. Placez la planche dans l'eau ; alourdir et laisser tremper pendant au moins 1 heure.

2. Pendant ce temps, pour la sauce asiatique, dans un petit bol, verser de l'eau bouillante sur les champignons shiitake séchés ; laisser reposer 20 minutes pour se réhydrater. Égouttez les champignons et placez-les dans un robot culinaire. Ajoutez l'huile de noix, le gingembre, le poivron

rouge broyé, le poivre du Sichuan, la poudre de cinq épices et l'ail. Couvrir et mélanger jusqu'à ce que les champignons soient hachés et que les ingrédients soient combinés ; laissé de côté.

3. Égoutter la planche du gril. Pour un gril au charbon de bois, disposez des charbons à température moyenne autour du périmètre du gril. Placez la planche sur le gril directement au-dessus des braises. Couvrir et griller pendant 3 à 5 minutes ou jusqu'à ce que la planche commence à crépiter et à fumer. Placez les steaks sur le gril directement sur les braises ; griller pendant 3 à 4 minutes ou jusqu'à ce qu'il soit doré. Transférer les steaks sur la planche à découper, côté saisi vers le haut. Placez la planche au centre du gril. Répartissez la sauce asiatique entre les steaks. Couvrir et griller pendant 10 à 12 minutes ou jusqu'à ce qu'un thermomètre à lecture instantanée inséré horizontalement dans les steaks indique 130° F. (Pour un gril à gaz, préchauffer le gril. Réduire le feu à moyen. Placer la planche égouttée sur le gril ; couvrir et griller pendant 3 à 5 minutes ou jusqu'à ce que la planche commence à crépiter et à fumer. Placer les steaks sur le gril pendant 3 à 4 minutes ou jusqu'à ce que Transférer les steaks sur la planche, côté saisi vers le haut. Régler le gril pour une cuisson indirecte ; placer le planche à découper avec les steaks sur le brûleur éteint. Répartissez la garniture entre les steaks. Couvrez et faites griller pendant 10 à 12 minutes ou jusqu'à ce qu'un thermomètre à lecture instantanée inséré horizontalement dans les steaks indique 130°F.)

4. Retirez les steaks du gril. Couvrir légèrement les steaks de papier d'aluminium; laissez reposer 10 minutes. Coupez les steaks en tranches de ¼ de pouce d'épaisseur. Servir le steak sur la salade asiatique.

Salade asiatique : Dans un grand bol, mélanger 1 chou napa de taille moyenne, tranché finement ; 1 tasse de chou rouge finement haché ; 2 carottes pelées et coupées en julienne ; 1 poivron rouge ou jaune épépiné et coupé en tranches très fines ; 4 ciboulette, coupées en fines tranches ; 1 à 2 piments serrano, épépinés et hachés (voir conseil); 2 cuillères à soupe de coriandre hachée ; et 2 cuillères à soupe de menthe hachée. Pour la sauce, dans un robot culinaire ou un mixeur, mélangez 3 cuillères à soupe de jus de citron frais, 1 cuillère à soupe de gingembre frais râpé, 1 gousse d'ail émincée et ⅛ cuillère à café de poudre de cinq épices. Couvrir et mélanger jusqu'à consistance lisse. Pendant que le robot est en marche, ajoutez progressivement ½ tasse d'huile de noix et mélangez jusqu'à consistance lisse. Ajoutez 1 ciboulette tranchée finement à la sauce. Arroser de salade et mélanger pour bien enrober.

STEAKS TRI-TIP GRILLES AVEC PEPERONATA DE CHOU-FLEUR

PREPARATION:25 minutes de cuisson : 25 minutes donnent : 2 portions

PEPERONATA EST TRADITIONNELLEMENT UN RAGOUT ROTI LENTEMENTPOIVRONS AVEC OIGNON, AIL ET HERBES. CETTE VERSION SAUTEE RAPIDE, RENDUE PLUS SAINE AVEC DU CHOU-FLEUR, SERT A LA FOIS DE PLAT D'ACCOMPAGNEMENT ET DE PLAT D'ACCOMPAGNEMENT.

2 steaks à trois pointes de 4 à 6 onces, coupés de ¾ à 1 pouce d'épaisseur

¾ cuillère à café de poivre noir

2 cuillères à soupe d'huile d'olive extra vierge

2 poivrons rouges et/ou jaunes, épépinés et tranchés

1 échalote, tranchée finement

1 cuillère à café d'assaisonnement méditerranéen (voir<u>revenu</u>)

2 tasses de petits fleurons de chou-fleur

2 cuillères à soupe de vinaigre balsamique

2 cuillères à café de thym frais haché

1. Séchez les steaks avec du papier absorbant. Saupoudrer les steaks de ¼ cuillère à café de poivre noir. Dans une grande poêle, faire chauffer 1 cuillère à soupe d'huile à feu moyen-vif. Ajouter les steaks dans la poêle; réduire le feu à moyen. Cuire les steaks de 6 à 9 minutes pour une cuisson mi-saignante (145°F), en les retournant de temps en temps. (Si la viande dore trop rapidement, réduisez le feu.) Retirez les steaks de la poêle; couvrir légèrement de papier d'aluminium pour garder au chaud.

2. Pour la peperonata, ajoutez la cuillère à soupe d'huile restante dans la poêle. Ajoutez le poivre et la ciboulette.

Saupoudrer d'assaisonnement méditerranéen. Cuire à feu moyen pendant environ 5 minutes ou jusqu'à ce que les poivrons soient tendres, en remuant de temps en temps. Ajoutez le chou-fleur, le vinaigre balsamique, le thym et la ½ cuillère à café de poivre noir restante. Couvrir et cuire de 10 à 15 minutes ou jusqu'à ce que le chou-fleur soit tendre, en remuant de temps en temps. Remettez les steaks dans la poêle. Verser le mélange de peperonata sur les steaks. Sers immédiatement.

STEAKS DE FER PLAT AU POIVRE, SAUCE CHAMPIGNONS-DIJON

PREPARATION:15 minutes de cuisson : 20 minutes donnent : 4 portions

CE STEAK D'INSPIRATION FRANÇAISE AVEC SAUCE AUX CHAMPIGNONSIL PEUT ETRE SUR LA TABLE EN UN PEU PLUS DE 30 MINUTES, CE QUI EN FAIT UNE EXCELLENTE OPTION POUR UN REPAS RAPIDE EN SEMAINE.

STEAKS

- 3 cuillères à soupe d'huile d'olive extra vierge
- 1 livre de petites pointes d'asperges, parées
- 4 steaks de fer plat de 6 onces (omoplate de bœuf désossée)*
- 2 cuillères à soupe de romarin frais haché
- 1½ cuillères à café de poivre noir concassé

SAUCE

- 8 onces de champignons frais tranchés
- 2 gousses d'ail, hachées
- ½ tasse de bouillon d'os de bœuf (voir revenu)
- ¼ tasse de vin blanc sec
- 1 cuillère à soupe de moutarde de Dijon (voir revenu)

1. Dans une grande poêle, faites chauffer 1 cuillère à soupe d'huile d'olive à feu moyen-vif. Ajouter les asperges; cuire 8 à 10 minutes ou jusqu'à ce qu'ils soient croustillants, en retournant les pointes de temps en temps pour qu'elles ne brûlent pas. Transférer les asperges dans une assiette; couvrir de papier d'aluminium pour garder au chaud.

2. Saupoudrer les steaks de romarin et de poivre ; frottez avec vos doigts. Dans la même poêle, faites chauffer les 2 cuillères à soupe d'huile restantes à feu moyen-vif.

Ajouter les steaks; réduire le feu à moyen. Cuire 8 à 12 minutes pour une cuisson mi-saignante (145°F), en retournant la viande de temps en temps. (Si la viande dore trop vite, réduisez le feu.) Retirez la viande de la poêle en réservant le jus de cuisson. Couvrir légèrement les steaks de papier d'aluminium pour les garder au chaud.

3. Pour la sauce, ajouter les champignons et l'ail au jus de cuisson de la poêle ; cuire jusqu'à tendreté, en remuant de temps en temps. Ajouter le bouillon, le vin et la moutarde de Dijon. Cuire à feu moyen en grattant les morceaux dorés du fond de la casserole. Porter à ébullition; cuire encore 1 minute.

4. Répartissez les asperges dans quatre assiettes. Garnir de steaks; Verser la sauce sur les steaks.

*Remarque : si vous ne trouvez pas de steaks de 6 onces, achetez deux steaks de 8 à 12 onces et coupez-les en deux pour faire quatre steaks.

STEAKS GRILLES, OIGNONS CARAMELISES AU CHIPOTLE ET SALADE DE PERSIL

PREPARATION:30 minutes Mariner : 2 heures Cuire : 20 minutes Refroidir : 20 minutes Griller : 45 minutes Donne : 4 portions

LE STEAK EN FER PLAT EST RELATIVEMENT NOUVEAULA COUPE S'EST DEVELOPPEE IL Y A SEULEMENT QUELQUES ANNEES. COUPE DANS LA SECTION SAVOUREUSE DU MANDRIN PRES DE L'OMOPLATE, IL EST ETONNAMMENT TENDRE ET A UN GOUT BEAUCOUP PLUS CHER QU'IL NE L'EST, CE QUI EXPLIQUE PROBABLEMENT SA POPULARITE CROISSANTE.

STEAKS
⅓ tasse de jus de citron frais
¼ tasse d'huile d'olive extra vierge
¼ tasse de coriandre hachée grossièrement
5 gousses d'ail, hachées
4 steaks de fer plat de 6 onces (omoplate de bœuf désossée)

SALADE DE PERSIL
1 concombre (anglais) sans pépins (pelé si désiré), haché
1 tasse de tomates raisins en quartiers
½ tasse d'oignon rouge haché
½ tasse de coriandre hachée grossièrement
1 piment poblano, épépiné et coupé en dés (voir conseil)
1 jalapeño épépiné et haché (voir conseil)
3 cuillères à soupe de jus de citron frais
2 cuillères à soupe d'huile d'olive extra vierge

OIGNON CARAMELISE
2 cuillères à soupe d'huile d'olive extra vierge

2 gros oignons doux (comme Maui, Vidalia, Texas Sweet ou Walla Walla)
½ cuillère à café de piment chipotle moulu

1. Pour les steaks, placez les steaks dans un sac en plastique refermable placé dans un plat peu profond ; laissé de côté. Dans un petit bol, fouetter ensemble le jus de citron vert, l'huile, la coriandre et l'ail ; verser sur les steaks dans le sac. Sac de scellage ; tourner pour enduire. Laisser mariner au réfrigérateur pendant 2 heures.

2. Pour la salade, dans un grand bol, mélanger le concombre, les tomates, l'oignon, la coriandre, le poblano et le jalapeño. Tirez pour correspondre. Pour la vinaigrette, dans un petit bol, fouetter ensemble le jus de citron et l'huile d'olive. Verser la sauce sur les légumes; mélanger pour enrober. Couvrir et mettre au réfrigérateur jusqu'au moment de servir.

3. Pour les oignons, préchauffer le four à 400 °F. Badigeonner l'intérieur d'une cocotte avec un peu d'huile d'olive; laissé de côté. Coupez les oignons en deux dans le sens de la longueur, retirez la peau, puis coupez-les en travers sur ¼ de pouce d'épaisseur. Dans la cocotte, mélanger le reste de l'huile d'olive, les oignons et le piment chipotle. Couvrir et enfourner 20 minutes. Découvrez et laissez refroidir environ 20 minutes.

4. Transférez les oignons refroidis dans un sac grill ou enveloppez-les dans une double couche de papier d'aluminium. Percez le dessus du papier d'aluminium à plusieurs endroits avec une pique à brochette.

5. Pour un gril au charbon de bois, disposez des charbons à feu moyen autour du périmètre du gril. Testez la chaleur

moyenne au-dessus du centre du gril. Placez le paquet au centre du gril. Couvrir et griller pendant environ 45 minutes ou jusqu'à ce que les oignons soient tendres et de couleur ambrée. (Pour un gril à gaz, préchauffez le gril. Réduisez le feu à moyen. Réglez pour une cuisson indirecte. Placez l'emballage sur le brûleur éteint. Couvrez et faites griller comme indiqué.)

6. Retirez les steaks de la marinade ; jeter la marinade. Pour un gril au charbon de bois ou au gaz, placez les steaks directement sur le gril à feu moyen-vif. Couvrir et griller pendant 8 à 10 minutes ou jusqu'à ce qu'un thermomètre à lecture instantanée inséré horizontalement dans les steaks indique 135 °F, en le retournant une fois. Transférer les steaks dans une assiette, couvrir légèrement de papier d'aluminium et laisser reposer 10 minutes.

7. Pour servir, répartissez la salade de persil dans quatre assiettes. Placer un steak dans chaque assiette et garnir d'un tas d'oignons caramélisés. Sers immédiatement.

Instructions de préparation : La salade de persil peut être préparée et réfrigérée jusqu'à 4 heures avant de servir.

RIBEYES GRILLES AVEC OIGNON AUX HERBES ET « BEURRE » A L'AIL

PREPARATION:10 minutes de cuisson : 12 minutes pour refroidir : 30 minutes pour griller : 11 minutes pour préparer : 4 portions

LA CHALEUR DES STEAKS FRAICHEMENT GRILLES FONDLES MONTICULES D'OIGNONS CARAMELISES, D'AIL ET D'HERBES SUSPENDUS DANS UN SAVOUREUX MELANGE D'HUILE DE NOIX DE COCO ET D'HUILE D'OLIVE.

- 2 cuillères à soupe d'huile de coco non raffinée
- 1 petit oignon, coupé en deux et coupé en lamelles très fines (environ ¾ tasse)
- 1 gousse d'ail, tranchée très finement
- 2 cuillères à soupe d'huile d'olive extra vierge
- 1 cuillère à soupe de persil frais haché
- 2 cuillères à café de thym frais, de romarin et/ou d'origan
- 4 steaks de surlonge de 8 à 10 onces, coupés à 1 pouce d'épaisseur
- ½ cuillère à café de poivre noir fraîchement moulu

1. Dans une poêle moyenne, faire fondre l'huile de coco à feu doux. Ajouter l'oignon; cuire 10 à 15 minutes ou jusqu'à ce qu'ils soient légèrement dorés, en remuant de temps en temps. Ajouter l'ail; cuire encore 2 à 3 minutes ou jusqu'à ce que l'oignon soit doré, en remuant de temps en temps.

2. Transférez le mélange d'oignons dans un petit bol. Ajoutez l'huile d'olive, le persil et le thym. Réfrigérer, à découvert, pendant 30 minutes ou jusqu'à ce que le mélange soit suffisamment ferme pour s'agglutiner une fois récupéré, en remuant de temps en temps.

3. Pendant ce temps, saupoudrez les steaks de poivre. Pour un gril au charbon de bois ou au gaz, placez les steaks

directement sur le gril à feu moyen. Couvrir et griller pendant 11 à 15 minutes pour une cuisson mi-saignante (145°F) ou 14 à 18 minutes pour une cuisson moyenne (160°F), en retournant une fois à mi-cuisson.

4. Pour servir, placez chaque steak sur une assiette de service. Répartir immédiatement le mélange d'oignons uniformément sur les steaks.

SALADE DE FAUX-FILET AUX BETTERAVES GRILLEES

PREPARATION:20 minutes grill : 55 minutes repos : 5 minutes donne : 4 portions

LA SAVEUR TERREUSE DES BETTERAVES SE MARIE A MERVEILLEAVEC LA DOUCEUR DES ORANGES - ET LES NOIX GRILLEES AJOUTENT DU CROQUANT A CETTE SALADE DE PLAT PRINCIPAL PARFAITE POUR MANGER DEHORS LORS D'UNE CHAUDE SOIREE D'ETE.

- 1 livre de betteraves moyennes dorées et/ou rouges, lavées, parées et tranchées
- 1 petit oignon, coupé en fines tranches
- 2 brins de thym frais
- 1 cuillère à soupe d'huile d'olive extra vierge
- Poivre noir concassé
- 2 steaks de surlonge désossés de 8 onces, coupés à ¾ de pouce d'épaisseur
- 2 gousses d'ail, coupées en deux
- 2 cuillères à soupe d'assaisonnement méditerranéen (voir revenu)
- 6 tasses de feuilles mélangées
- 2 oranges pelées, tranchées et hachées grossièrement
- ½ tasse de noix hachées, grillées (voir conseil)
- ½ tasse de vinaigrette aux agrumes brillante (voir revenu)

1. Disposez les brins de betterave, d'oignon et de thym dans un plat allant au four. Arroser d'huile d'olive et mélanger; saupoudrer légèrement de poivre noir concassé. Pour un gril à charbon ou à gaz, placez la poêle au centre du gril. Couvrir et griller pendant 55 à 60 minutes ou jusqu'à ce qu'ils soient tendres lorsqu'on les perce avec un couteau, en remuant de temps en temps.

2. Pendant ce temps, frottez les deux côtés des steaks avec les côtés coupés à l'ail; saupoudrer d'assaisonnement méditerranéen.

3. Déplacez les betteraves du centre du gril pour faire de la place aux steaks. Ajouter les steaks à griller directement à feu moyen. Couvrir et griller pendant 11 à 15 minutes pour une cuisson mi-saignante (145°F) ou 14 à 18 minutes pour une cuisson moyenne (160°F), en retournant une fois à mi-cuisson. Retirez la poêle et les steaks du gril. Laissez les steaks reposer 5 minutes. Jetez les brins de thym du plat allant au four.

4. Coupez le steak en diagonale en fines tranches. Répartissez les légumes dans quatre assiettes de service. Garnir de tranches de steak, de betteraves, de tranches d'oignon, d'oranges et de noix hachées. Arroser de vinaigrette aux agrumes brillante.

COTES LEVEES A LA COREENNE AVEC CHOU SAUTE ET GINGEMBRE

PREPARATION:50 minutes Cuisson : 25 minutes Cuisson : 10 heures Réfrigérer : toute la nuit Donne : 4 portions

ASSUREZ-VOUS QUE LE COUVERCLE DE VOTRE FAITOUTS'ADAPTE TRES BIEN AFIN QUE PENDANT LE TEMPS DE CUISSON TRES LONG, LE LIQUIDE DE CUISSON NE S'EVAPORE PAS TOUT AU LONG D'UN ESPACE ENTRE LE COUVERCLE ET LA CASSEROLE.

- 1 once de champignons shiitake séchés
- 1½ tasse de ciboulette tranchée
- 1 poire asiatique, pelée, évidée et hachée
- 1 morceau de 3 pouces de gingembre frais, pelé et haché
- 1 piment serrano, haché finement (épépiné si désiré) (voir conseil)
- 5 gousses d'ail
- 1 cuillère à soupe d'huile de coco raffinée
- 5 kilos de côtes de bœuf avec os
- Poivre noir fraîchement moulu
- 4 tasses de bouillon d'os de bœuf (voir revenu) ou bouillon de viande non salé
- 2 tasses de champignons shiitake frais tranchés
- 1 cuillère à soupe de zeste d'orange finement râpé
- ⅓ tasse de jus frais
- Chou sauté au gingembre (voir revenu, ci-dessous)
- Zeste d'orange finement râpé (facultatif)

1. Préchauffer le four à 325°F. Placer les champignons shiitake séchés dans un petit bol; ajouter suffisamment d'eau bouillante pour couvrir. Laissez-le reposer environ 30 minutes ou jusqu'à ce qu'il soit réhydraté et mou. Égoutter en réservant le liquide de trempage. Hachez finement les champignons. Placer les champignons dans

un petit bol; couvrir et réfrigérer jusqu'à ce que vous en ayez besoin à l'étape 4. Réserver les champignons et le liquide.

2. Pour la sauce, dans un robot culinaire, mélanger les oignons verts, la poire asiatique, le gingembre, le serrano, l'ail et le liquide de champignons réservé. Couvrir et mélanger jusqu'à consistance lisse. Réservez la sauce.

3. Dans une cocotte de 6 litres, faites chauffer l'huile de coco à feu moyen-vif. Saupoudrer les côtes levées de poivre noir fraîchement moulu. Cuire les côtes levées, par lots, dans l'huile de coco chaude pendant environ 10 minutes ou jusqu'à ce qu'elles soient bien dorées de tous les côtés, en les retournant à mi-cuisson. Remettez toutes les côtes dans la poêle; ajouter la sauce et le bouillon d'os de bœuf. Couvrez la cocotte avec un couvercle hermétique. Cuire au four environ 10 heures ou jusqu'à ce que la viande soit très tendre et se détache des os.

4. Retirez délicatement les côtes de la sauce. Placer les côtes levées et la sauce dans des récipients séparés. Couvrir et réfrigérer toute la nuit. Une fois refroidie, retirez le gras de la surface de la sauce et jetez-la. Porter la sauce à ébullition à feu vif; ajoutez les champignons hydratés de l'étape 1 et les champignons frais. Faire bouillir doucement pendant 10 minutes pour réduire la sauce et intensifier les saveurs. Remettre les côtes levées dans la sauce; faire bouillir jusqu'à ce que le tout soit bien chaud. Ajoutez 1 cuillère à soupe de zeste d'orange et de jus d'orange. Servir avec du chou au gingembre sauté. Si vous

le souhaitez, saupoudrez de zeste d'orange supplémentaire.

Chou sauté au gingembre : Dans une grande poêle, faites chauffer 1 cuillère à soupe d'huile de noix de coco raffinée à feu moyen-vif. Ajoutez 2 cuillères à soupe de gingembre frais haché ; 2 gousses d'ail hachées ; et du poivron rouge moulu au goût. Cuire et remuer jusqu'à ce qu'il soit parfumé, environ 30 secondes. Ajoutez 6 tasses de napa, de chou de Savoie ou vert râpé et 1 poire asiatique, pelée, épépinée et tranchée finement. Cuire et remuer pendant 3 minutes ou jusqu'à ce que le chou se flétrit un peu et que la poire ramollisse. Mélanger avec ½ tasse de jus de pomme non sucré. Couvrir et cuire environ 2 minutes jusqu'à ce que le chou soit tendre. Mélanger ½ tasse d'oignons verts émincés et 1 cuillère à soupe de graines de sésame.

COTE DE BŒUF A LA GREMOLATA AUX AGRUMES ET FENOUIL

PREPARATION : 40 minutes grill : 8 minutes cuisson lente : 9 heures (faible) ou 4½ heures (élevée) donne : 4 portions

LA GREMOLATA EST UN MELANGE SAVOUREUX DE PERSIL, D'AIL ET DE ZESTE DE CITRON SAUPOUDRES SUR L'OSSO BUCCO, LE PLAT ITALIEN CLASSIQUE DE VEAU BRAISE, POUR EGAYER SA SAVEUR RICHE ET ONCTUEUSE. AVEC L'AJOUT D'ECORCES D'ORANGE ET DE FEUILLES DE FENOUIL FRAIS, IL FAIT DE MEME POUR CES TENDRES COTES LEVEES.

COTES

- 2 ½ à 3 livres de côtes de bœuf avec os
- 3 cuillères à soupe d'assaisonnement aux herbes citronnées (voir revenu)
- 1 bulbe de fenouil moyen
- 1 gros oignon, coupé en gros quartiers
- 2 tasses de bouillon d'os de bœuf (voir revenu) ou bouillon de viande non salé
- 2 gousses d'ail, coupées en deux

CITROUILLE ROTIE

- 3 cuillères à soupe d'huile d'olive extra vierge
- 1 livre de citrouille, pelée, épépinée et coupée en morceaux de ½ pouce (environ 2 tasses)
- 4 cuillères à café de thym frais haché
- Huile d'olive vierge extra

GREMOLATA

- ¼ tasse de persil frais haché
- 2 cuillères à soupe d'ail émincé
- 1 ½ cuillères à café de zeste de citron finement râpé
- 1 ½ cuillères à café de zeste d'orange finement râpé

1. Saupoudrer les côtes levées d'assaisonnement à la mélisse ; frottez légèrement la viande avec vos doigts; laissé de côté. Retirez les feuilles de fenouil; réservé à la Gremolata Agrumes-Fenouil. Coupez et coupez en quatre un bulbe de fenouil.

2. Pour un gril au charbon de bois, disposez les charbons à feu moyen sur un côté du gril. Testez la chaleur moyenne au-dessus du côté sans charbon du gril. Placez les côtes levées sur le gril du côté sans charbon ; Placez les quartiers de fenouil et les tranches d'oignon sur le gril directement sur les braises. Couvrir et griller pendant 8 à 10 minutes ou jusqu'à ce que les légumes et les côtes soient à peine dorés, en les retournant une fois à mi-cuisson. (Pour un gril à gaz, préchauffer le gril, réduire le feu à moyen. Ajuster pour une cuisson indirecte. Placer les côtes levées sur le gril sur le brûleur éteint ; placer le fenouil et l'oignon sur le gril au-dessus du brûleur allumé. Couvrir et griller comme indiqué.) Une fois suffisamment refroidis pour être manipulés, hachez grossièrement le fenouil et l'oignon.

3. Dans une mijoteuse de 5 à 6 litres, mélanger le fenouil et l'oignon hachés, le bouillon d'os de bœuf et l'ail. Ajoutez des côtes levées. Couvrir et cuire à feu doux pendant 9 à 10 heures ou 4½ à 5 heures à feu vif. À l'aide d'une écumoire, transférer les côtes levées dans un plat; couvrir de papier d'aluminium pour garder au chaud.

4. Pendant ce temps, pour le potiron, dans une grande poêle, faites chauffer les 3 cuillères à soupe d'huile à feu moyen-vif. Ajouter le potiron et 3 cuillères à café de thym en

remuant pour bien enrober le potiron. Disposer la citrouille en une seule couche dans la poêle et cuire sans remuer pendant environ 3 minutes ou jusqu'à ce qu'elle soit dorée sur les côtés inférieurs. Retournez les morceaux de citrouille; cuire environ 3 minutes de plus ou jusqu'à ce que les deuxièmes côtés soient dorés. Réduire le feu à doux; couvrir et cuire 10 à 15 minutes ou jusqu'à tendreté. Saupoudrer du reste de la cuillère à café de thym frais; Arroser d'huile d'olive extra vierge supplémentaire.

5. Pour la gremolata, hachez finement suffisamment de feuilles de fenouil réservées pour obtenir ¼ tasse. Dans un petit bol, mélanger les feuilles de fenouil hachées, le persil, l'ail, le zeste de citron et le zeste d'orange.

6. Saupoudrer de gremolata sur les côtes. Servir avec du potiron.

BURGERS DE BŒUF A LA SUEDOISE AVEC SALADE DE CONCOMBRE A LA MOUTARDE ET A L'ANETH

PREPARATION:30 minutes de cuisson : 15 minutes donnent : 4 portions

LE BŒUF A LA LINDSTROM EST UN BURGER SUEDOIS QUI EST TRADITIONNELLEMENT PARSEME D'OIGNONS, DE CAPRES ET DE BETTERAVES MARINEES, SERVI AVEC SAUCE ET SANS PAIN. CETTE VERSION INFUSEE AU PIMENT DE LA JAMAÏQUE REMPLACE LES BETTERAVES ROTIES PAR DES BETTERAVES MARINEES ET DES CAPRES ET EST SURMONTEE D'UN ŒUF AU PLAT.

SALADE DE CONCOMBRE
- 2 cuillères à café de jus d'orange frais
- 2 cuillères à café de vinaigre de vin blanc
- 1 cuillère à café de moutarde de Dijon (voir revenu)
- 1 cuillère à soupe d'huile d'olive extra vierge
- 1 gros concombre sans pépins (anglais), pelé et tranché
- 2 cuillères à soupe de ciboulette tranchée
- 1 cuillère d'aneth frais haché

BURGERS AU BOEUF
- 1 livre de bœuf haché
- ¼ tasse d'oignon finement haché
- 1 cuillère à soupe de moutarde de Dijon (voir revenu)
- ¾ cuillère à café de poivre noir
- ½ cuillère à café de piment de la Jamaïque
- ½ petite betterave rouge rôtie, pelée et coupée en fins cubes*
- 2 cuillères à soupe d'huile d'olive extra vierge
- ½ tasse de bouillon d'os de bœuf (voir revenu) ou bouillon de viande non salé

4 gros œufs

1 cuillère à soupe de ciboulette hachée

1. Pour la salade de concombre, dans un grand bol, mélanger le jus d'orange, le vinaigre et la moutarde de Dijon. Ajoutez lentement l'huile d'olive en un mince filet, en remuant jusqu'à ce que la sauce épaississe légèrement. Ajouter le concombre, la ciboulette et l'aneth; remuer jusqu'à ce que le tout soit bien mélangé. Couvrir et mettre au réfrigérateur jusqu'au moment de servir.

2. Pour les burgers de bœuf, dans un grand bol, mélanger le bœuf haché, l'oignon, la moutarde de Dijon, le poivre et le piment de la Jamaïque. Ajouter la betterave rôtie et mélanger délicatement jusqu'à ce qu'elle soit uniformément incorporée à la viande. Façonnez le mélange en quatre galettes de ½ pouce d'épaisseur.

3. Dans une grande poêle, faites chauffer 1 cuillère à soupe d'huile d'olive à feu moyen-vif. Faites frire les hamburgers pendant environ 8 minutes ou jusqu'à ce qu'ils soient dorés à l'extérieur et bien cuits (160°), en les retournant une fois. Transférer les hamburgers dans une assiette et couvrir légèrement de papier d'aluminium pour garder au chaud. Ajoutez le bouillon d'os de bœuf en remuant pour gratter les morceaux dorés du fond de la poêle. Cuire environ 4 minutes ou jusqu'à réduction de moitié. Arroser les burgers avec le jus de cuisson réduit et couvrir à nouveau.

4. Rincez et essuyez la poêle avec une serviette en papier. Faites chauffer la cuillère à soupe d'huile d'olive restante à feu moyen. Faites frire les œufs dans l'huile chaude

pendant 3 à 4 minutes ou jusqu'à ce que les blancs soient cuits mais que les jaunes restent mous et coulants.

5. Placez un œuf sur chaque galette de viande. Saupoudrer de ciboulette et servir avec une salade de concombre.

*Astuce : Pour rôtir la betterave, frottez-la bien et placez-la sur un morceau de papier aluminium. Arroser d'un peu d'huile d'olive. Envelopper dans du papier aluminium et fermer hermétiquement. Cuire au four à 375°F environ 30 minutes ou jusqu'à ce qu'une fourchette perce facilement les betteraves. Laisser refroidir; glisser de la peau. (Les betteraves peuvent être rôties jusqu'à 3 jours à l'avance. Enveloppez hermétiquement les betteraves rôties pelées et conservez-les au réfrigérateur.)

BURGERS DE BŒUF RECOUVERTS DE ROQUETTE ET DE LEGUMES-RACINES ROTIS

PREPARATION: 40 minutes Cuisson : 35 minutes Rôtissage : 20 minutes Donne : 4 portions

IL Y A DE NOMBREUX ELEMENTSPOUR CES HAMBURGERS COPIEUX - ET ILS PRENNENT UN PEU DE TEMPS A ASSEMBLER - MAIS L'INCROYABLE COMBINAISON DE SAVEURS EN VAUT LA PEINE : UNE GALETTE DE BŒUF EST GARNIE D'OIGNONS CARAMELISES ET DE SAUCE AUX CHAMPIGNONS ET SERVIE AVEC DES LEGUMES ROTIS ET DE LA ROQUETTE POIVREE.

5 cuillères à soupe d'huile d'olive extra vierge

2 tasses de champignons frais tranchés, cremini et/ou shiitake

3 oignons jaunes, tranchés finement*

2 cuillères à café de graines de carvi

3 carottes, pelées et coupées en morceaux de 1 pouce

2 panais, pelés et coupés en morceaux de 1 pouce

1 courgette, coupée en deux, épépinée et coupée en quartiers

Poivre noir fraichement moulu

2 kilos de boeuf haché

½ tasse d'oignon finement haché

1 cuillère à soupe de mélange d'assaisonnement tout usage sans sel

2 tasses de bouillon d'os de bœuf (voir revenu) ou bouillon de viande non salé

¼ tasse de jus de pomme non sucré

1 à 2 cuillères à soupe de vinaigre de Xérès sec ou de vin blanc

1 cuillère à soupe de moutarde de Dijon (voir revenu)

1 cuillère à soupe de feuilles de thym frais hachées

1 cuillère à soupe de feuilles de persil frais hachées

8 tasses de feuilles de roquette

1. Préchauffer le four à 425°F. Pour la sauce, dans une grande poêle, faites chauffer 1 cuillère à soupe d'huile d'olive à feu moyen-vif. Ajouter les champignons; cuire et remuer pendant environ 8 minutes ou jusqu'à ce qu'ils soient dorés et tendres. À l'aide d'une écumoire, transférez les champignons dans une assiette. Remettre la poêle sur le brûleur; réduire le feu à moyen. Ajoutez 1 cuillère à soupe d'huile d'olive restante, les oignons émincés et les graines de cumin. Couvrir et cuire de 20 à 25 minutes ou jusqu'à ce que les oignons soient très tendres et bien dorés, en remuant de temps en temps. (Ajustez la chaleur au besoin pour éviter que les oignons ne brûlent.)

2. Pendant ce temps, pour les légumes racines rôtis, dans une grande rôtissoire, disposer les carottes, les navets et les courges. Arroser de 2 cuillères à soupe d'huile d'olive et saupoudrer de poivre au goût ; remuer pour enrober les légumes. Cuire au four pendant 20 à 25 minutes ou jusqu'à ce qu'ils soient tendres et commencent à dorer, en les retournant une fois à mi-cuisson. Gardez les légumes au chaud jusqu'au moment de servir.

3. Pour les hamburgers, dans un grand bol, mélanger le bœuf haché, l'oignon haché et le mélange d'assaisonnement. Divisez le mélange de viande en quatre portions égales et façonnez des galettes d'environ ¾ de pouce d'épaisseur. Dans une très grande poêle, faites chauffer 1 cuillère à soupe d'huile d'olive restante à feu moyen-vif. Ajouter les hamburgers dans la poêle; cuire environ 8 minutes ou jusqu'à ce qu'ils soient dorés des deux côtés, en les retournant une fois. Transférer les burgers dans une assiette.

4. Ajouter les oignons caramélisés, les champignons réservés, le bouillon d'os de bœuf, le jus de pomme, le xérès et la moutarde de Dijon dans la poêle, en remuant pour combiner. Remettez les burgers dans la poêle. Porter à ébullition. Cuire jusqu'à ce que les hamburgers soient cuits (160 °F), environ 7 à 8 minutes. Incorporer le thym frais, le persil et le poivre au goût.

5. Pour servir, disposez 2 tasses de roquette sur chacune des quatre assiettes. Répartir les légumes rôtis sur les salades et garnir de hamburgers. Verser généreusement le mélange d'oignons sur les hamburgers.

*Astuce : Une mandoline est d'une grande aide pour couper des oignons en fines tranches.

BURGERS DE BŒUF GRILLES A LA TOMATE EN CROUTE DE SESAME

PREPARATION:30 minutes de repos : 20 minutes Grill : 10 minutes Pour : 4 portions

TRANCHES DE TOMATES CROUSTILLANTES ET DOREES AVEC CROUTE DE SESAMEREMPLACEZ LE PETIT PAIN TRADITIONNEL AUX GRAINES DE SESAME DANS CES HAMBURGERS FUMES. SERVEZ-LES AVEC UN COUTEAU ET UNE FOURCHETTE.

Tranches de tomates rouges ou vertes de 4 ½ pouces d'épaisseur*
1¼ livre de bœuf haché maigre
1 cuillère à soupe d'assaisonnement fumé (voir revenu)
1 œuf large
¾ tasse de farine d'amande
¼ tasse de graines de sésame
¼ cuillère à café de poivre noir
1 petit oignon rouge, coupé en deux et tranché
1 cuillère à soupe d'huile d'olive extra vierge
¼ tasse d'huile de noix de coco raffinée
1 petite tête de laitue Bibb
Paléo Ketchup (voir revenu)
Moutarde façon Dijon (voir revenu)

1. Placez les tranches de tomates sur une double couche de papier absorbant. Couvrir les tomates d'une autre double couche de papier absorbant. Appuyez légèrement sur les serviettes en papier pour qu'elles collent aux tomates. Laisser reposer à température ambiante pendant 20 à 30 minutes pour qu'une partie du jus de tomate soit absorbée.

2. Pendant ce temps, dans un grand bol, mélanger le bœuf haché et l'assaisonnement fumé. Façonner en quatre galettes de ½ pouce d'épaisseur.

3. Dans un bol peu profond, battez légèrement l'œuf avec une fourchette. Dans un autre bol peu profond, mélanger la farine d'amande, les graines de sésame et le poivre. Trempez chaque tranche de tomate dans l'œuf en la retournant pour bien l'enrober. Laissez l'excédent d'œuf s'écouler. Tremper chaque tranche de tomate dans le mélange de farine d'amande, en la retournant pour bien l'enrober. Placer les tomates enrobées sur une assiette plate; laissé de côté. Mélangez les tranches d'oignon avec l'huile d'olive; placer les tranches d'oignon dans un panier à grillades.

4. Pour un grill au charbon de bois ou au gaz, placez les oignons dans le panier et les burgers sur le grill à feu moyen. Couvrir et griller pendant 10 à 12 minutes ou les oignons sont dorés et légèrement carbonisés et les burgers sont cuits (160°), en remuant les oignons de temps en temps et en retournant les burgers une fois.

5. Pendant ce temps, dans une grande poêle, faites chauffer l'huile à feu moyen. Ajouter les tranches de tomates; cuire 8 à 10 minutes ou jusqu'à ce qu'ils soient dorés, en les retournant une fois. (Si les tomates dorent trop rapidement, réduisez le feu à moyen-doux. Ajoutez plus d'huile si nécessaire.) Égoutter sur une assiette recouverte de papier absorbant.

6. Pour servir, répartissez la laitue dans quatre assiettes. Garnir de galettes de hamburger, d'oignons, de ketchup

paléo, de moutarde de Dijon et de tomates en croûte de sésame.

*Remarque : vous aurez probablement besoin de 2 grosses tomates. Si vous utilisez des tomates rouges, choisissez des tomates mûres mais encore un peu fermes.

BURGERS SUR BATONNET SAUCE BABA GHANOUSH

ABSORBER:15 minutes préparation : 20 minutes grill : 35 minutes Donne : 4 portions

BABA GHANOUSH EST UNE TARTINADE DU MOYEN-ORIENTA BASE DE PUREE D'AUBERGINES FUMEES ET GRILLEES AVEC DE L'HUILE D'OLIVE, DU CITRON, DE L'AIL ET DU TAHINI, UNE PATE A BASE DE GRAINES DE SESAME MOULUES. UNE PINCEE DE GRAINES DE SESAME, C'EST BIEN, MAIS LORSQU'ELLES SONT TRANSFORMEES EN HUILE OU EN PATE, ELLES DEVIENNENT UNE SOURCE CONCENTREE D'ACIDE LINOLEIQUE, QUI PEUT CONTRIBUER A L'INFLAMMATION. LE BEURRE DE PIGNONS DE PIN UTILISE ICI EST UN BON SUBSTITUT.

4 tomates séchées

1½ kg de bœuf haché maigre

3 à 4 cuillères à soupe d'oignon haché

1 cuillère à soupe d'origan frais finement haché et/ou de menthe fraîche finement hachée ou ½ cuillère à café d'origan séché broyé

¼ cuillère à café de poivre de Cayenne

Sauce Baba Ghanoush (voir revenu, ci-dessous)

1. Faites tremper huit brochettes en bois de 10 pouces dans l'eau pendant 30 minutes. Pendant ce temps, dans un petit bol, verser de l'eau bouillante sur les tomates ; laisser reposer 5 minutes pour se réhydrater. Égouttez les tomates et séchez-les avec du papier absorbant.

2. Dans un grand bol, mélanger les tomates hachées, le bœuf haché, l'oignon, l'origan et le poivre de Cayenne. Divisez le mélange de viande en huit portions; rouler chaque portion en boule. Retirez les brochettes de l'eau; sec. Enfilez une

boule sur une brochette et formez un long ovale autour de la brochette, en commençant juste en dessous de l'extrémité pointue et en laissant suffisamment d'espace à l'autre extrémité pour tenir le bâton. Répétez avec les brochettes et les boules restantes.

3. Pour un gril au charbon de bois ou au gaz, placez les brochettes de viande directement sur un gril à feu moyen. Couvrir et griller pendant environ 6 minutes ou jusqu'à ce qu'ils soient cuits (160 °F), en les retournant une fois à mi-cuisson. Servir avec la sauce Baba Ghanoush.

Sauce Baba Ghanoush : Piquer 2 aubergines moyennes à plusieurs endroits avec une fourchette. Pour un gril au charbon de bois ou au gaz, placez les aubergines directement sur un gril à feu moyen. Couvrir et griller pendant 10 minutes ou jusqu'à ce qu'ils soient carbonisés de tous les côtés, en les retournant plusieurs fois pendant la cuisson. Retirez les aubergines et enveloppez-les soigneusement dans du papier aluminium. Remettez les aubergines emballées sur le gril, mais pas directement sur les braises. Couvrir et griller encore 25 à 35 minutes ou jusqu'à ce qu'il soit émietté et très tendre. Cool. Coupez les aubergines en deux et grattez la chair ; Placez la viande dans un robot culinaire. Ajoutez ¼ tasse de beurre de pignons de pin (voir<u>revenu</u>); ¼ tasse de jus de citron frais ; 2 gousses d'ail hachées ; 1 cuillère à soupe d'huile d'olive extra vierge ; 2 à 3 cuillères à soupe de persil frais haché ; et ½ cuillère à café de cumin moulu. Couvrir et mélanger jusqu'à ce qu'il soit presque lisse. Si la sauce est trop épaisse pour être trempée, ajoutez suffisamment d'eau pour obtenir la consistance souhaitée.

POIVRONS FARCIS FUMES

PREPARATION:20 minutes de cuisson : 8 minutes de cuisson : 30 minutes donne : 4 portions

FAITES DE CE FAVORI DE LA FAMILLEAVEC UN MELANGE DE POIVRONS COLORES POUR UN PLAT ATTRAYANT. LES TOMATES ROTIES AU FEU SONT UN BON EXEMPLE DE LA FAÇON D'AJOUTER DE LA SAVEUR AUX ALIMENTS DE MANIERE SAINE. LE SIMPLE FAIT DE GRILLER LEGEREMENT LES TOMATES AVANT LA MISE EN CONSERVE (SANS SEL) REHAUSSE LEUR SAVEUR.

- 4 gros poivrons verts, rouges, jaunes et/ou orange
- 1 livre de bœuf haché
- 1 cuillère à soupe d'assaisonnement fumé (voir revenu)
- 1 cuillère à soupe d'huile d'olive extra vierge
- 1 petit oignon jaune, haché
- 3 gousses d'ail, hachées
- 1 petite tête de chou-fleur, épépinée et coupée en bouquets
- 1 boîte de 15 onces de tomates rôties au feu, sans sel ajouté, coupées en dés, égouttées
- ¼ tasse de persil frais haché
- ½ cuillère à café de poivre noir
- ⅛ cuillère à café de poivre de Cayenne
- ½ tasse de garniture aux pacanes (voir revenu, ci-dessous)

1. Préchauffer le four à 375°F. Coupez les poivrons en deux verticalement. Retirez les tiges, les graines et les membranes ; de se défaire. Séparez les moitiés de poivron.

2. Placez le bœuf haché dans un bol moyen ; saupoudrer d'assaisonnement fumé. Utilisez vos mains pour mélanger délicatement l'assaisonnement à la viande.

3. Dans une grande poêle, faites chauffer l'huile d'olive à feu moyen. Ajouter la viande, l'oignon et l'ail; cuire jusqu'à ce que la viande soit dorée et que l'oignon soit tendre, en remuant avec une cuillère en bois pour briser la viande. Retirez la poêle du feu.

4. Dans un robot culinaire, traiter les fleurons de chou-fleur jusqu'à ce qu'ils soient finement hachés. (Si vous n'avez pas de robot culinaire, râpez le chou-fleur sur une râpe.) Mesurez 3 tasses de chou-fleur. Ajouter au mélange de bœuf haché dans la poêle. (S'il vous reste du chou-fleur, conservez-le pour une autre utilisation.) Ajoutez les tomates égouttées, le persil, le poivre noir et le poivre de Cayenne.

5. Remplissez les moitiés de poivrons avec le mélange de bœuf haché, en les tassant légèrement et en les tassant légèrement. Disposez les moitiés de poivrons farcis sur une plaque allant au four. Cuire au four de 30 à 35 minutes ou jusqu'à ce que les poivrons soient tendres.* Garnir de chapelure de pacanes. Si vous le souhaitez, remettez au four pendant 5 minutes pour rendre la garniture croustillante avant de servir.

Garniture de chapelure de noix : Dans une poêle moyenne, faites chauffer 1 cuillère à soupe d'huile d'olive extra vierge à feu moyen-doux. Mélangez 1 cuillère à café de thym séché, 1 cuillère à café de paprika fumé et ¼ cuillère à café de poudre d'ail. Ajoutez 1 tasse de noix finement hachées. Cuire et remuer pendant environ 5 minutes ou jusqu'à ce que les noix soient dorées et légèrement grillées. Incorporer une pincée ou deux de poivre de

Cayenne. Laissez refroidir complètement. Conservez le reste du glaçage dans un récipient hermétiquement fermé au réfrigérateur jusqu'au moment de l'utiliser. Donne 1 tasse.

*Remarque : Si vous utilisez des poivrons verts, faites-les rôtir pendant 10 minutes supplémentaires.

BURGERS DE BISON AVEC OIGNONS CABERNET ET ROQUETTE

PREPARATION:30 minutes de cuisson : 18 minutes de grillage : 10 minutes de préparation : 4 portions

LE BISON A UNE TRES FAIBLE TENEUR EN MATIERES GRASSESET CUIRA 30 A 50 % PLUS VITE QUE LE BŒUF. LA VIANDE CONSERVE SA COULEUR ROUGE APRES LA CUISSON, LA COULEUR N'EST DONC PAS UN INDICATEUR DE CUISSON. LE BISON ETANT TRES MAIGRE, NE LE FAITES PAS CUIRE AU-DELA D'UNE TEMPERATURE INTERNE DE 155°F.

- 2 cuillères à soupe d'huile d'olive extra vierge
- 2 gros oignons doux, tranchés finement
- ¾ tasse de Cabernet Sauvignon ou autre vin rouge sec
- 1 cuillère à café d'assaisonnement méditerranéen (voir revenu)
- ¼ tasse d'huile d'olive extra vierge
- ¼ tasse de vinaigre balsamique
- 1 cuillère à soupe d'échalote finement hachée
- 1 cuillère à soupe de basilic frais haché
- 1 petite gousse d'ail, hachée
- 1 livre de bison haché
- ¼ tasse de pesto au basilic (voir revenu)
- 5 tasses de roquette
- Pistaches crues non salées, grillées (voir conseil)

1. Dans une grande poêle, faites chauffer les 2 cuillères à soupe d'huile d'olive à feu moyen-doux. Ajoutez les oignons. Cuire à couvert pendant 10 à 15 minutes ou jusqu'à ce que les oignons soient tendres, en remuant de temps en temps. Découvrir; cuire et remuer à feu moyen-vif pendant 3 à 5 minutes ou jusqu'à ce que les oignons

soient dorés. Ajouter le vin; cuire environ 5 minutes ou jusqu'à ce que la majeure partie du vin s'évapore. Saupoudrer d'assaisonnement méditerranéen; Garder au chaud.

2. Pendant ce temps, pour la vinaigrette, dans un bocal à vis, mélanger ¼ tasse d'huile d'olive, le vinaigre, l'échalote, le basilic et l'ail. Couvrir et bien agiter.

3. Dans un grand bol, mélanger légèrement le bison haché et le pesto de basilic. Façonnez légèrement le mélange de viande en quatre galettes de ¾ de pouce d'épaisseur.

4. Pour un gril au charbon de bois ou au gaz, placez les burgers sur un gril légèrement graissé directement à feu moyen. Couvrir et griller pendant environ 10 minutes jusqu'à la cuisson désirée (145 °F pour une cuisson mi-saignante ou 155 °F pour une cuisson moyenne), en retournant une fois à mi-cuisson.

5. Placez la roquette dans un grand bol. Verser la vinaigrette sur la roquette; mélanger pour enrober. Pour servir, répartissez les oignons dans quatre assiettes; garnir chacun d'un burger de bison. Garnir les burgers de roquette et parsemer de pistaches.

PAIN DE VIANDE DE BISON ET D'AGNEAU AVEC BLETTES ET PATATES DOUCES

PREPARATION:1 heure de cuisson : 20 minutes de cuisson : 1 heure de repos : 10 minutes donne : 4 portions

C'EST DE LA NOURRITURE RECONFORTANTE A L'ANCIENNEAVEC UNE TOUCHE MODERNE. UNE SAUCE AU VIN ROUGE DONNE AU PAIN DE VIANDE UN REGAIN DE SAVEUR, ET LES BLETTES A L'AIL ET LA PUREE DE PATATES DOUCES AVEC DE LA CREME DE CAJOU ET DE L'HUILE DE NOIX DE COCO OFFRENT UN CONTENU NUTRITIONNEL INCROYABLE.

- 2 cuillères à soupe d'huile d'olive
- 1 tasse de champignons cremini hachés
- ½ tasse d'oignon rouge finement haché (1 moyen)
- ½ tasse de céleri haché (1 branche)
- ⅓ tasse de carotte finement hachée (1 petite)
- ½ d'une petite pomme, épépinée, pelée et hachée
- 2 gousses d'ail, hachées
- ½ cuillère à café d'assaisonnement méditerranéen (voir revenu)
- 1 gros œuf, légèrement battu
- 1 cuillère à soupe de sauge fraîche hachée
- 1 cuillère à soupe de thym frais haché
- 8 onces de bison haché
- 8 onces d'agneau ou de bœuf haché
- ¾ tasse de vin rouge sec
- 1 échalote moyenne, hachée finement
- ¾ tasse de bouillon d'os de bœuf (voir revenu) ou bouillon de viande non salé
- Purée de patate douce (voir revenu, ci-dessous)
- Bette à carde à l'ail (voir revenu, ci-dessous)

1. Préchauffer le four à 350°F. Dans une grande poêle, faites chauffer l'huile d'olive à feu moyen. Ajouter les champignons, l'oignon, le céleri et les carottes; cuire et remuer pendant environ 5 minutes ou jusqu'à ce que les légumes soient tendres. Réduire le feu à doux; ajoutez la pomme râpée et l'ail. Cuire à couvert pendant environ 5 minutes ou jusqu'à ce que les légumes soient très tendres. Retirer du feu; incorporer l'assaisonnement méditerranéen.

2. À l'aide d'une écumoire, transférez le mélange de champignons dans un grand bol, en réservant le jus de cuisson dans la poêle. Ajoutez l'œuf, la sauge et le thym. Ajouter le bison haché et l'agneau haché; mélanger légèrement. Placer le mélange de viande dans un plat allant au four rectangulaire de 2 litres; Façonner en un rectangle de 7 × 4 pouces. Cuire au four environ 1 heure ou jusqu'à ce qu'un thermomètre à lecture instantanée indique 155 ° F. Laisser reposer 10 minutes. Retirez délicatement le pain de viande dans une assiette de service. Couvrir et réserver au chaud.

3. Pour la sauce à la poêle, grattez le jus de cuisson et les morceaux dorés croustillants de la poêle dans le jus de cuisson réservé dans la poêle. Ajoutez le vin et la ciboulette. Porter à ébullition à feu moyen; cuire jusqu'à réduction de moitié. Ajouter le bouillon d'os de bœuf; cuire et remuer jusqu'à réduction de moitié. Retirez la poêle du feu.

4. Pour servir, répartissez la purée de patate douce dans quatre assiettes ; garnir de quelques blettes à l'ail.

Tranche de bœuf haché ; Ajouter les tranches de blettes et verser sur la sauce à la poêle.

Purée de patate douce : Épluchez et hachez grossièrement 4 patates douces moyennes. Dans une grande casserole, cuire les pommes de terre dans suffisamment d'eau bouillante pour couvrir pendant 15 minutes ou jusqu'à ce qu'elles soient tendres ; vidange. Écrasez avec un presse-purée. Ajoutez ½ tasse de crème de noix de cajou (voir<u>revenu</u>) et 2 cuillères à soupe d'huile de coco non raffinée ; pétrir jusqu'à consistance lisse. Garder au chaud.

Bette à carde : Retirez les tiges de 2 bottes de bette à carde et jetez-les. Hachez grossièrement les feuilles. Dans une grande poêle, faites chauffer 2 cuillères à soupe d'huile d'olive à feu moyen. Ajouter les blettes et 2 gousses d'ail hachées; cuire jusqu'à ce que les blettes se fanent, en remuant de temps en temps avec des pinces.

BOULETTES DE BISON AUX GROSEILLES ET COMPOTE DE POMMES AVEC PAPPARDELLES DE COURGETTES

PREPARATION:25 minutes de cuisson : 15 minutes de cuisson : 18 minutes donne : 4 portions

LES BOULETTES DE VIANDE SERONT TRES HUMIDESAU FUR ET A MESURE QUE VOUS LES FORMEZ. POUR EVITER QUE LE MELANGE DE VIANDE NE COLLE A VOS MAINS, GARDEZ UN BOL D'EAU FROIDE A PORTEE DE MAIN ET MOUILLEZ-VOUS LES MAINS DE TEMPS EN TEMPS PENDANT QUE VOUS TRAVAILLEZ. CHANGEZ L'EAU PLUSIEURS FOIS PENDANT LA PREPARATION DES BOULETTES DE VIANDE.

BOULETTES DE VIANDE
Huile

½ tasse d'oignon rouge haché grossièrement

2 gousses d'ail, hachées

1 œuf légèrement battu

½ tasse de champignons et de tiges finement hachés

2 cuillères à soupe de persil italien frais (feuille plate), haché

2 cuillères à café d'huile d'olive

1 livre de bison haché (grossièrement haché si disponible)

SAUCE AUX POMMES ET AUX GROSEILLES
2 cuillères à soupe d'huile d'olive

2 grosses pommes Granny Smith, pelées, évidées et hachées finement

2 échalotes, hachées

2 cuillères à soupe de jus de citron frais

½ tasse de bouillon d'os de poulet (voir revenu) ou bouillon de poulet non salé

2 à 3 cuillères à soupe de groseilles séchées

PAPPARDELLES DE COURGETTES
6 courgettes
2 cuillères à soupe d'huile d'olive
¼ tasse de ciboulette hachée
½ cuillère à café de poivron rouge moulu
2 gousses d'ail, hachées

1. Pour les boulettes de viande, préchauffer le four à 375°F. Badigeonner légèrement une plaque à pâtisserie à rebords d'huile d'olive; laissé de côté. Dans un robot culinaire ou un mélangeur, mélanger l'oignon et l'ail. Pulser jusqu'à consistance lisse. Transférer le mélange d'oignons dans un bol moyen. Ajouter l'œuf, les champignons, le persil et 2 cuillères à café d'huile ; remuer pour combiner. Ajoutez des bisons terrestres ; mélanger légèrement mais bien. Divisez le mélange de viande en 16 portions; façonner en boulettes de viande. Placer les boulettes de viande, uniformément espacées, sur la plaque à pâtisserie préparée. Cuire au four 15 minutes; laissé de côté.

2. Pour la sauce, faites chauffer 2 cuillères à soupe d'huile dans une poêle à feu moyen. Ajouter les pommes et les échalotes; cuire et remuer pendant 6 à 8 minutes ou jusqu'à ce qu'ils soient très tendres. Incorporer le jus de citron. Transférez le mélange dans un robot culinaire ou un mélangeur. Couvrir et mélanger ou mélanger jusqu'à consistance lisse; remettre dans la poêle. Ajouter le bouillon d'os de poulet et les groseilles. Porter à ébullition; baisser la température. Cuire à découvert pendant 8 à 10 minutes en remuant fréquemment. Ajoutez les boulettes de viande; cuire et remuer à feu doux jusqu'à ce que le tout soit bien chaud.

3. Pendant ce temps, pour les pappardelles, coupez les extrémités des courgettes. A l'aide d'une mandoline ou d'un épluche-légumes très pointu, coupez les courgettes en fines lanières. (Pour garder les rubans intacts, arrêtez de gratter lorsque vous atteignez les graines au centre de la citrouille.) Dans une grande poêle, faites chauffer 2 cuillères à soupe d'huile à feu moyen. Ajouter la ciboulette, le poivron rouge écrasé et l'ail; cuire et remuer pendant 30 secondes. Ajoutez les lanières de courgettes. Cuire et remuer doucement pendant environ 3 minutes ou jusqu'à ce qu'il soit flétri.

4. Pour servir, répartissez les pappardelles dans quatre assiettes ; garnir de boulettes de viande et de sauce aux pommes et aux groseilles.

BOLOGNAISE AU BISON ET AUX CEPES AVEC SPAGHETTIS A L'AIL ROTI

PREPARATION:30 minutes Temps de cuisson : 1 heure 30 minutes Temps de cuisson : 35 minutes donne : 6 portions

SI TU PENSAIS AVOIR MANGEVOTRE DERNIER PLAT DE SPAGHETTI A LA SAUCE A LA VIANDE LORSQUE VOUS AVEZ ADOPTE LE REGIME PALEO®, DETROMPEZ-VOUS. CETTE RICHE BOLOGNAISE AROMATISEE A L'AIL, AU VIN ROUGE ET AUX CEPES TERREUX EST CHARGEE SUR DES BRINS DE COURGE SPAGHETTI SUCRES ET SALES. VOUS NE PERDREZ PAS DU TOUT LA PATE.

1 once de cèpes séchés

1 tasse d'eau bouillante

3 cuillères à soupe d'huile d'olive extra vierge

1 livre de bison haché

1 tasse de carotte râpée (2)

½ tasse d'oignon haché (1 moyen)

½ tasse de céleri haché (1 branche)

4 gousses d'ail, hachées

3 cuillères à soupe de concentré de tomates non salées

½ tasse de vin rouge

2 boîtes de 15 onces de tomates concassées sans sel ajouté

1 cuillère à café d'origan séché, écrasé

1 cuillère à café de thym séché, écrasé

½ cuillère à café de poivre noir

1 courge spaghetti moyenne (2 ½ à 3 livres)

1 bulbe d'ail

1. Dans un petit bol, mélanger les cèpes et l'eau bouillante ; laisser reposer 15 minutes. Passer au tamis recouvert d'une étamine 100 % coton en réservant le liquide de trempage. Hachez les champignons; mettre de côté.

2. Dans une cocotte de 4 à 5 litres, faites chauffer 1 cuillère à soupe d'huile d'olive à feu moyen. Ajouter le bison haché, les carottes, l'oignon, le céleri et l'ail. Cuire jusqu'à ce que la viande soit dorée et que les légumes soient tendres, en remuant avec une cuillère en bois pour briser la viande. Ajouter la pâte de tomate; cuire et remuer pendant 1 minute. Ajouter le vin rouge; cuire et remuer pendant 1 minute. Ajoutez les cèpes, les tomates, l'origan, le thym et le poivre. Ajoutez le liquide de champignons réservé en prenant soin d'éviter d'ajouter du sable ou des graviers qui pourraient être présents au fond du bol. Porter à ébullition en remuant de temps en temps; réduire le feu à doux. Cuire à couvert pendant 1 ½ à 2 heures ou jusqu'à la consistance désirée.

3. Pendant ce temps, préchauffer le four à 375°F. Coupez le potiron en deux dans le sens de la longueur. grattez les graines. Placer les moitiés de citrouille, côté coupé vers le bas, sur une grande plaque à pâtisserie. Avec une fourchette, percez la peau partout. Coupez le ½ pouce supérieur de la tête d'ail. Placez l'ail, côté coupé vers le haut, dans le plat allant au four avec le potiron. Arrosez avec 1 cuillère à soupe d'huile d'olive restante. Rôtir pendant 35 à 45 minutes ou jusqu'à ce que la citrouille et l'ail soient tendres.

4. À l'aide d'une cuillère et d'une fourchette, retirez et déchiquetez la pulpe de chaque moitié de citrouille ; transférer dans un bol et couvrir pour garder au chaud. Lorsque l'ail est suffisamment froid pour être manipulé, pressez le bulbe du bas pour détacher les gousses. Utilisez une fourchette pour écraser les gousses d'ail. Mélangez

l'ail écrasé dans la citrouille, en répartissant l'ail uniformément. Pour servir, verser la sauce sur le mélange de citrouille.

CHILI DE BISON AU BŒUF

PREPARATION:25 minutes de cuisson : 1 heure 10 minutes Pour : 4 portions

CHOCOLAT, CAFE ET CANNELLE SANS SUCRE AJOUTEZ DE L'INTERET A CE FAVORI SAIN. SI VOUS SOUHAITEZ UNE SAVEUR ENCORE PLUS FUMEE, REMPLACEZ LE PAPRIKA ORDINAIRE PAR 1 CUILLERE A SOUPE DE PAPRIKA FUME DOUX.

- 3 cuillères à soupe d'huile d'olive extra vierge
- 1 livre de bison haché
- ½ tasse d'oignon haché (1 moyen)
- 2 gousses d'ail, hachées
- 2 boîtes de 14,5 onces de tomates sans sel, coupées en dés, non égouttées
- 1 boîte de 6 onces de pâte de tomate non salée
- 1 tasse de bouillon d'os de bœuf (voir revenu) ou bouillon de viande non salé
- ½ tasse de café fort
- 2 oz de barre de cuisson à 99 % de cacao, hachée
- 1 cuillère de paprika
- 1 cuillère à café de cumin moulu
- 1 cuillère à café d'origan séché
- 1½ cuillères à café d'assaisonnement fumé (voir revenu)
- ½ cuillère à café de cannelle en poudre
- ⅓ tasse de pépites
- 1 cuillère à café d'huile d'olive
- ½ tasse de crème de noix de cajou (voir revenu)
- 1 cuillère à café de jus de citron frais
- ½ tasse de feuilles de coriandre fraîche
- 4 quartiers de citron vert

1. Dans une cocotte, faites chauffer les 3 cuillères à soupe d'huile d'olive à feu moyen. Ajouter le bison haché, l'oignon et l'ail; cuire environ 5 minutes ou jusqu'à ce que la viande soit dorée, en remuant avec une cuillère en bois

pour briser la viande. Ajouter les tomates non égouttées, la pâte de tomates, le bouillon d'os de bœuf, le café, le chocolat au four, le paprika, le cumin, l'origan, 1 cuillère à café d'assaisonnement fumé et la cannelle. Porter à ébullition; baisser la température. Cuire à couvert pendant 1 heure en remuant de temps en temps.

2. Pendant ce temps, dans une petite poêle, faire griller les nuggets dans 1 cuillère à café d'huile d'olive à feu moyen jusqu'à ce qu'ils commencent à éclater et à dorer. Placer les nuggets dans un petit bol; ajoutez la ½ cuillère à café d'assaisonnement fumé restante; mélanger pour enrober.

3. Dans un petit bol, fouettez ensemble la crème de cajou et le jus de citron.

4. Pour servir, versez le chili dans des bols. Garnir les portions de crème de noix de cajou, de pépites et de coriandre. Servir avec des quartiers de citron vert.

STEAKS DE BISON AUX EPICES MAROCAINES ET CITRONS GRILLES

PREPARATION: 10 minutes grill : 10 minutes donne : 4 portions

SERVEZ CES STEAKS RAPIDES A PREPARERAVEC UNE SALADE DE CAROTTES ASSAISONNEES FRAICHES ET CROQUANTES (VOIRREVENU). SI VOUS AVEZ ENVIE DE VOUS REGALER, ANANAS GRILLE A LA CREME DE COCO (VOIRREVENU) SERAIT UNE EXCELLENTE FAÇON DE TERMINER LE REPAS.

2 cuillères à soupe de cannelle en poudre
2 cuillères à soupe de paprika
1 cuillère de poudre d'ail
¼ cuillère à café de poivre de Cayenne
4 steaks de filet de bison de 6 onces, coupés de ¾ à 1 pouce d'épaisseur
2 citrons, coupés en deux horizontalement

1. Dans un petit bol, fouetter ensemble la cannelle, le paprika, la poudre d'ail et le poivre de Cayenne. Séchez les steaks avec du papier absorbant. Frotter les deux côtés des steaks avec le mélange d'épices.

2. Pour un gril au charbon de bois ou au gaz, placez les steaks directement sur le gril à feu moyen. Couvrir et griller pendant 10 à 12 minutes pour une cuisson mi-saignante (145 °F) ou 12 à 15 minutes pour une cuisson moyenne (155 °F), en retournant une fois à mi-cuisson. Pendant ce temps, placez les moitiés de citron, côté coupé vers le bas, sur le gril. Griller pendant 2 à 3 minutes ou jusqu'à ce qu'ils soient légèrement carbonisés et juteux.

3. Servir avec des moitiés de citron grillées à presser sur les steaks.

ROTI DE LONGE DE BISON AUX HERBES DE PROVENCE

PREPARATION:15 minutes de cuisson : 15 minutes de rôtissage : 1 heure et 15 minutes de repos : 15 minutes pour : 4 portions

LES HERBES DE PROVENCE SONT UN MELANGE D'HERBES SECHEES QUI POUSSENT A PROFUSION DANS LE SUD DE LA FRANCE. LE MELANGE CONTIENT GENERALEMENT UNE COMBINAISON DE BASILIC, DE GRAINES DE FENOUIL, DE LAVANDE, DE MARJOLAINE, DE ROMARIN, DE SAUGE, DE SARRIETTE ET DE THYM. CE ROTI TRES AMERICAIN A BON GOUT.

- 1 rôti de longe de bison de 3 livres
- 3 cuillères à soupe d'herbes de Provence
- 4 cuillères à soupe d'huile d'olive extra vierge
- 3 gousses d'ail, hachées
- 4 petits panais, pelés et hachés
- 2 poires mûres, dénoyautées et hachées
- ½ tasse de nectar de poire non sucré
- 1 à 2 cuillères à café de thym frais

1. Préchauffer le four à 375°F. Coupez le gras du rôti. Dans un petit bol, mélangez les herbes de Provence, 2 cuillères à soupe d'huile d'olive et l'ail ; frotter sur tout le rôti.

2. Placez le rôti sur une grille dans une rôtissoire peu profonde. Insérez un thermomètre à four au centre du moule.* Cuire au four, à découvert, pendant 15 minutes. Réduire la température du four à 300 ° F. Cuire au four pendant 60 à 65 minutes supplémentaires ou jusqu'à ce

qu'un thermomètre à viande indique 140 ° F (moyennement saignant). Couvrir de papier aluminium et laisser reposer 15 minutes.

3. Pendant ce temps, dans une grande poêle, faites chauffer les 2 cuillères à soupe d'huile d'olive restantes à feu moyen. Ajouter le navet et la poire; cuire 10 minutes ou jusqu'à ce que les panais soient tendres et croustillants, en remuant de temps en temps. Ajouter le nectar de poire; cuire environ 5 minutes ou jusqu'à ce que la sauce épaississe légèrement. Saupoudrer de thym.

4. Coupez le rôti en fines tranches dans le sens du grain. Servir la viande avec la crème et les poires.

*Conseil : Le bison est très maigre et cuit plus vite que le bœuf. De plus, la couleur de la viande est plus rouge que celle du bœuf, vous ne pouvez donc pas vous fier à un repère visuel pour déterminer la cuisson. Vous aurez besoin d'un thermomètre à viande pour savoir quand la viande est cuite. Un thermomètre de four est idéal, mais pas indispensable.

COTE DE BISON BRAISEE AU CAFE AVEC GREMOLATA A LA MANDARINE ET PUREE DE CELERI-RAVE

PREPARATION:15 minutes de cuisson : 2 heures 45 minutes donne : 6 portions

LES COTES DE BISON SONT GROSSES ET CHARNUES.ILS NECESSITENT UNE BONNE ET LONGUE CUISSON DANS UN LIQUIDE POUR DEVENIR TENDRES. LA GREMOLATA A BASE D'ECORCES DE MANDARINE REHAUSSE LA SAVEUR DE CE PLAT COPIEUX.

MARINE
- 2 tasses d'eau
- 3 tasses de café fort, glacé
- 2 tasses de jus de mandarine frais
- 2 cuillères à soupe de romarin frais haché
- 1 cuillère à café de poivre noir grossièrement moulu
- 4 livres de côtes levées de bison, coupées entre les côtes pour les séparer

FAIRE SAUTER
- 2 cuillères à soupe d'huile d'olive
- 1 cuillère à café de poivre noir
- 2 tasses d'oignon haché
- ½ tasse de ciboulette hachée
- 6 gousses d'ail, hachées
- 1 piment jalapeño, épépiné et haché (voir conseil)
- 1 tasse de café fort
- 1 tasse de bouillon d'os de bœuf (voir revenu) ou bouillon de viande non salé
- ¼ tasse de Paleo Ketchup (voir revenu)
- 2 cuillères à soupe de moutarde de Dijon (voir revenu)
- 3 cuillères à soupe de vinaigre de cidre
- Purée de céleri-rave (voir revenu, ci-dessous)

Gremolata de mandarine (voir revenu, droite)

1. Pour la marinade, dans un grand récipient non réactif (verre ou inox), mélanger l'eau, le café glacé, le jus de mandarine, le romarin et le poivre noir. Ajoutez des côtes levées. Placez une assiette sur les côtes si nécessaire pour les maintenir immergées. Couvrir et réfrigérer pendant 4 à 6 heures, en réorganisant et en remuant une fois.

2. Pour le braisé, préchauffer le four à 325°F. Égoutter les côtes levées en jetant la marinade. Séchez les côtes avec du papier absorbant. Dans une grande cocotte, chauffer l'huile d'olive à feu moyen-vif. Assaisonnez les côtes levées avec du poivre noir. Saisir les côtes par lots jusqu'à ce qu'elles soient dorées de tous les côtés, environ 5 minutes par lot. Transférer dans une grande assiette.

3. Ajouter l'oignon, les oignons verts, l'ail et le jalapeño dans la poêle. Réduire le feu à moyen, couvrir et laisser mijoter jusqu'à ce que les légumes soient tendres, en remuant de temps en temps, environ 10 minutes. Ajouter le café et le bouillon; remuer en grattant les morceaux dorés. Ajouter le ketchup paléo, la moutarde de Dijon et le vinaigre. Porter à ébullition. Ajoutez des côtes levées. Couvrir et transférer au four. Cuire jusqu'à ce que la viande soit tendre, environ 2 heures et 15 minutes, en remuant doucement et en réorganisant les côtes une ou deux fois.

4. Transférer les côtes levées dans une assiette; tente avec du papier d'aluminium pour garder au chaud. Versez la graisse de la surface de la sauce. Faire bouillir la sauce jusqu'à ce qu'elle soit réduite à 2 tasses, environ 5 minutes. Répartir la purée de céleri-rave dans 6 assiettes;

garnir de côtes levées et de sauce. Saupoudrer de Gremolata à la Mandarine.

Purée de céleri-rave : Dans une grande casserole, mélanger 3 livres de céleri-rave, pelé et coupé en morceaux de 1 pouce, et 4 tasses de bouillon d'os de poulet (voir<u>revenu</u>) ou un bouillon de poulet non salé. Porter à ébullition; baisser la température. Égouttez le céleri-rave en réservant le bouillon. Remettez le céleri-rave dans la poêle. Ajoutez 1 cuillère à soupe d'huile d'olive et 2 cuillères à café de thym frais haché. À l'aide d'un presse-purée, écrasez le céleri-rave en ajoutant le bouillon réservé, quelques cuillerées à la fois, selon les besoins pour obtenir la consistance désirée.

Gremolata à la mandarine : Dans un petit bol, mélanger ½ tasse de persil frais haché, 2 cuillères à soupe de zeste de mandarine finement râpé et 2 gousses d'ail émincées.

BOUILLON D'OS DE BOEUF

PREPARATION:25 minutes Rôtissage : 1 heure Cuisson : 8 heures Donne : 8 à 10 tasses

LES QUEUES D'OS CONSTITUENT UN BOUILLON AU GOUT EXTREMEMENT RICHEQUI PEUT ETRE UTILISE DANS N'IMPORTE QUELLE RECETTE NECESSITANT DU BOUILLON DE BŒUF - OU SIMPLEMENT APPRECIE COMME REMONTANT DANS UNE TASSE A TOUT MOMENT DE LA JOURNEE. BIEN QU'ELLES PROVIENNENT EN REALITE D'UN BŒUF, LES QUEUES DE BŒUF PROVIENNENT DESORMAIS D'UN ANIMAL DE BOUCHERIE.

- 5 carottes hachées grossièrement
- 5 branches de céleri, hachées grossièrement
- 2 oignons jaunes, pelés, coupés en deux
- 8 onces de champignons blancs
- 1 bulbe d'ail, pelé, coupé en deux
- 2 livres d'os de queue de bœuf ou d'os de bœuf
- 2 tomates
- 12 tasses d'eau froide
- 3 feuilles de laurier

1. Préchauffer le four à 400°F. Dans une grande rôtissoire ou une rôtissoire peu profonde, disposer les carottes, le céleri, les oignons, les champignons et l'ail; placez les os sur les légumes. Dans un robot culinaire, mélanger les tomates jusqu'à consistance lisse. Répartissez les tomates sur les os pour les couvrir (ce n'est pas grave si un peu de purée coule dans la poêle et sur les légumes). Rôtir pendant 1 à 1 1/2 heures ou jusqu'à ce que les os soient brun foncé et que les légumes soient caramélisés. Transférez les os et les légumes dans une cocotte ou une marmite de 10 à 12 litres. (Si une partie du mélange de

tomates caramélise au fond de la casserole, ajoutez 1 tasse d'eau chaude dans la casserole et grattez les morceaux. Versez le liquide sur les os et les légumes et réduisez la quantité d'eau de 1 tasse.) Ajoutez l'eau froide et les feuilles de laurier.

2. Portez lentement le mélange à ébullition à feu moyen-vif à élevé. Baisser la température; couvrir et laisser mijoter le bouillon pendant 8 à 10 heures, en remuant de temps en temps.

3. Filtrez le bouillon; jeter les os et les légumes. Bouillon froid; transférer le bouillon dans des récipients de stockage et réfrigérer jusqu'à 5 jours ; congeler jusqu'à 3 mois.*

Instructions pour la mijoteuse : Pour une mijoteuse de 6 à 8 litres, utilisez 1 livre d'os de bœuf, 3 carottes, 3 branches de céleri, 1 oignon jaune et 1 bulbe d'ail. Broyez 1 tomate et frottez-la sur les os. Rôtissez comme indiqué, puis transférez les os et les légumes dans la mijoteuse. Rasez les tomates caramélisées comme indiqué et ajoutez-les à la mijoteuse. Ajoutez suffisamment d'eau pour couvrir. Couvrir et cuire à feu vif jusqu'à ce que le bouillon bout, environ 4 heures. Réduire à basse température ; cuire 12 à 24 heures. Filtrer le bouillon; jeter les os et les légumes. Conserver comme indiqué.

*Conseil : Pour éliminer facilement le gras du bouillon, conservez le bouillon dans un récipient couvert au réfrigérateur pendant la nuit. La graisse remontera vers le haut et formera une couche ferme qui pourra être facilement grattée. Le bouillon peut épaissir après refroidissement.

ÉPAULE DE PORC ASSAISONNEE AUX EPICES TUNISIENNES AVEC FRITES DE PATATES DOUCES EPICEES

PREPARATION:25 minutes Rôti : 4 heures Four : 30 minutes Pour : 4 portions

C'EST UN TRES BON PLAT A FAIREPAR UNE FROIDE JOURNEE D'AUTOMNE. LA VIANDE ROTIT PENDANT DES HEURES AU FOUR, LAISSANT DANS VOTRE MAISON UNE ODEUR DELICIEUSE ET VOUS DONNANT LE TEMPS DE FAIRE AUTRE CHOSE. LES FRITES CUITES AU FOUR NE SONT PAS AUSSI CROUSTILLANTES QUE LES POMMES DE TERRE BLANCHES, MAIS ELLES SONT DELICIEUSES A LEUR MANIERE, SURTOUT LORSQU'ELLES SONT TREMPEES DANS DE LA MAYONNAISE A L'AIL.

PORC
- 1 2½ à 3 livres d'épaule de rôti de porc avec os
- 2 cuillères à café de piment ancho
- 2 cuillères à café de cumin moulu
- 1 cuillère à café de graines de carvi légèrement écrasées
- 1 cuillère à café de coriandre moulue
- ½ cuillère à café de curcuma moulu
- ¼ cuillère à café de cannelle en poudre
- 3 cuillères à soupe d'huile d'olive

FRITES
- 4 patates douces moyennes (environ 2 livres), pelées et coupées en tranches de ½ pouce d'épaisseur
- ½ cuillère à café de poivron rouge moulu
- ½ cuillère à café de poudre d'oignon
- ½ cuillère à café de poudre d'ail
- Huile
- 1 oignon, tranché finement

Paléo Aïoli (Mayo à l'Ail) (voir revenu)

1. Préchauffer le four à 300°F. Retirez le gras de la viande. Dans un petit bol, mélanger les piments ancho, le cumin moulu, les graines de carvi, la coriandre, le curcuma et la cannelle. Saupoudrer la viande du mélange d'épices; avec vos doigts, frottez uniformément la viande.

2. Dans une cocotte de 5 à 6 litres, faites chauffer 1 cuillère à soupe d'huile d'olive à feu moyen-vif. Faire dorer le porc de tous les côtés dans l'huile chaude. Couvrir et cuire au four pendant environ 4 heures ou jusqu'à ce qu'ils soient très tendres et qu'un thermomètre à viande indique 190°F. Retirez la cocotte du four. Laissez reposer à couvert pendant que vous préparez les frites de patates douces et les oignons, en réservant 1 cuillère à soupe de graisse dans la cocotte.

3. Augmentez la température du four à 400°F. Pour les frites de patates douces, dans un grand bol, mélanger les patates douces, les 2 cuillères à soupe d'huile d'olive restantes, le poivron rouge broyé, la poudre d'oignon et la poudre d'ail ; mélanger pour enrober. Tapisser une grande plaque à pâtisserie ou deux petites de papier d'aluminium; badigeonner d'huile d'olive supplémentaire. Disposez les patates douces en une seule couche sur la ou les plaques à pâtisserie préparées. Cuire au four environ 30 minutes ou jusqu'à ce qu'elles soient tendres, en retournant les patates douces une fois à mi-cuisson.

4. Pendant ce temps, retirez le bœuf du faitout; couvrir de papier d'aluminium pour garder au chaud. Égoutter le jus de cuisson en réservant 1 cuillère à soupe de graisse. Remettez la graisse réservée dans la cocotte. Ajouter

l'oignon; cuire à feu moyen pendant environ 5 minutes ou jusqu'à ce qu'il soit ramolli, en remuant de temps en temps.

5. Transférez le porc et l'oignon dans un plat de service. À l'aide de deux fourchettes, coupez le porc en gros morceaux. Servir le porc et les frites avec le Paleo Aïoli.

ÉPAULE DE PORC GRILLEE A LA CUBAINE

PREPARATION:15 minutes mariné : 24 heures grill : 2 heures 30 minutes de repos : 10 minutes donne : 6 à 8 portions

CONNU SOUS LE NOM DE « LECHON ASADO » DANS SON PAYS D'ORIGINE,CE ROTI DE PORC EST MARINE DANS UNE COMBINAISON DE JUS D'AGRUMES FRAIS, D'EPICES, DE POIVRON ROUGE BROYE ET D'UN BULBE ENTIER D'AIL EMINCE. LE CUIRE SUR DES CHARBONS ARDENTS APRES UNE NUIT DE TREMPAGE DANS LA MARINADE LUI CONFERE UNE SAVEUR INCROYABLE.

- 1 bulbe d'ail, gousses séparées, pelées et hachées
- 1 tasse d'oignon grossièrement haché
- 1 tasse d'huile d'olive
- 1⅓ tasse de jus de citron frais
- ⅔ tasse de jus d'orange frais
- 1 cuillère à soupe de cumin moulu
- 1 cuillère à soupe d'origan séché, écrasé
- 2 cuillères à café de poivre noir fraîchement moulu
- 1 cuillère à café de poivron rouge moulu
- 1 rôti d'épaule de porc désossé de 4 à 5 livres

1. Pour la marinade, séparez la tête d'ail en gousses. Épluchez et hachez les clous de girofle; Placer dans un grand bol. Ajouter les oignons, l'huile d'olive, le jus de citron, le jus d'orange, le cumin, l'origan, le poivre noir et le poivron rouge broyé. Mélangez bien et laissez reposer.

2. À l'aide d'un couteau à désosser, percez profondément le porc. Plongez délicatement le rôti dans la marinade, en le plongeant autant que possible dans le liquide. Couvrir hermétiquement le bol d'une pellicule plastique. Laisser

mariner au réfrigérateur pendant 24 heures en retournant une fois.

3. Retirez le porc de la marinade. Versez la marinade dans une casserole moyenne. Porter à ébullition; faire bouillir pendant 5 minutes. Retirer du chaud et laisser refroidir. Je l'ai laissé de côté.

4. Pour un gril au charbon de bois, disposez les charbons à feu moyen autour d'une lèchefrite. Testez le feu moyen au-dessus de la poêle. Placez la viande sur le gril au-dessus de la lèchefrite. Couvrir et griller pendant 2 ½ à 3 heures ou jusqu'à ce qu'un thermomètre à lecture instantanée inséré au centre du rôti indique 140 ° F. (Pour un gril à gaz, préchauffer le gril. Réduire le feu à moyen. Ajuster pour une cuisson indirecte. Placez le viande sur le gril au-dessus du brûleur éteint. Couvrez et faites griller comme indiqué.) Retirez la viande du gril. Couvrir légèrement de papier d'aluminium et laisser reposer 10 minutes avant de découper ou de tirer.

ROTI DE PORC ITALIEN AUX EPICES ET LEGUMES

PREPARATION:20 minutes de rôtissage : 2 heures 25 minutes de repos : 10 minutes donne : 8 portions

« FRAIS, C'EST MIEUX » EST UN BON MANTRAA SUIVRE LORSQU'IL S'AGIT DE CUISINER LA PLUPART DU TEMPS. CEPENDANT, LES HERBES SECHEES FONCTIONNENT TRES BIEN DANS LES SAUCES A LA VIANDE. LORSQUE LES HERBES SONT SECHEES, LEURS AROMES SONT CONCENTRES. AU CONTACT DE L'HUMIDITE DE LA VIANDE, ILS Y LIBERENT LEURS AROMES, COMME DANS CE ROTI A L'ITALIENNE PARFUME AU PERSIL, AU FENOUIL, A L'ORIGAN, A L'AIL ET AU PIMENT ROUGE EPICE.

2 cuillères à soupe de persil séché, écrasé

2 cuillères à soupe de graines de fenouil, écrasées

4 cuillères à café d'origan séché, écrasé

1 cuillère à café de poivre noir fraîchement moulu

½ cuillère à café de poivron rouge moulu

4 gousses d'ail, hachées

1 épaule de porc avec os de 4 livres

1 à 2 cuillères à soupe d'huile d'olive

1¼ tasse d'eau

2 oignons moyens, pelés et coupés en quartiers

1 gros bulbe de fenouil, paré, épépiné et tranché

2 kilos de choux de Bruxelles

1. Préchauffer le four à 325°F. Dans un petit bol, mélanger le persil, les graines de fenouil, l'origan, le poivre noir, le poivron rouge broyé et l'ail ; laissé de côté. Dénouez le rôti de porc si nécessaire. Retirez le gras de la viande. Frottez la viande de tous les côtés avec le mélange

d'assaisonnements. Si vous le souhaitez, remettez le moule en place pour le maintenir ensemble.

2. Dans une cocotte, faites chauffer l'huile à feu moyen-vif. Faire dorer la viande de tous les côtés dans l'huile chaude. Égoutter la graisse. Versez l'eau dans la cocotte autour du rôti. Cuire au four, à découvert, pendant 1 1/2 heures. Disposez les oignons et le fenouil autour du rôti de porc. Couvrir et cuire encore 30 minutes.

3. Pendant ce temps, coupez les tiges des choux de Bruxelles et retirez les feuilles extérieures fanées. Coupez les choux de Bruxelles en deux. Ajoutez les choux de Bruxelles dans la cocotte en les disposant sur les autres légumes. Couvrir et rôtir encore 30 à 35 minutes ou jusqu'à ce que les légumes et la viande soient tendres. Transférer la viande dans une assiette et couvrir de papier d'aluminium. Laisser reposer 15 minutes avant de découper. Mélanger les légumes avec le jus de cuisson pour les enrober. À l'aide d'une écumoire, retirez les légumes dans le plat ou le bol; couvrir pour garder au chaud.

4. À l'aide d'une grande cuillère, écumer le gras du jus de cuisson. Versez le reste du jus de cuisson au tamis. Trancher le porc en enlevant l'os. Servir la viande avec les légumes et le jus de cuisson.

TAUPE DE PORC A LA MIJOTEUSE

PREPARATION:20 minutes de cuisson lente : 8 à 10 heures (faible) ou 4 à 5 heures (élevée) donne : 8 portions

AU CUMIN, CORIANDRE, ORIGAN, TOMATE, AMANDE, RAISINS SECS, POIVRE ET CHOCOLAT,CETTE SAUCE RICHE ET PIQUANTE A BEAUCOUP DE CHOSES A FAIRE, DANS LE TRES BON SENS. C'EST UN REPAS IDEAL A COMMENCER LE MATIN AVANT DE PARTIR POUR LA JOURNEE. LORSQUE VOUS RENTREZ CHEZ VOUS, LE DINER EST PRESQUE PRET ET VOTRE MAISON SENT BON.

- 1 épaule de porc désossée de 3 livres
- 1 tasse d'oignon grossièrement haché
- 3 gousses d'ail, tranchées
- 1 ½ tasse de bouillon d'os de bœuf (voir revenu), bouillon d'os de poulet (voir revenu), ou un bouillon de viande ou de poulet non salé
- 1 cuillère à soupe de cumin moulu
- 1 cuillère à soupe de coriandre moulue
- 2 cuillères à café d'origan séché, écrasé
- 1 boîte de 15 onces de tomates sans sel coupées en dés, égouttées
- 1 boîte de 6 onces de pâte de tomate sans sel ajouté
- ½ tasse d'amandes tranchées, grillées (voir conseil)
- ¼ tasse de raisins secs ou de groseilles dorées sans soufre
- 2 onces de chocolat non sucré (comme une barre de cacao à 99 % Scharffen Berger), haché grossièrement
- 1 piment ancho ou chipotle entier séché
- 2 bâtons de cannelle de 4 pouces
- ¼ tasse de coriandre fraîche hachée
- 1 avocat pelé, épépiné et coupé en fines tranches
- 1 citron vert, coupé en quartiers
- ⅓ tasse de graines de citrouille vertes grillées et non salées (facultatif) (voir conseil)

1. Retirez le gras du rôti de porc. Si nécessaire, coupez la viande pour qu'elle s'adapte à une mijoteuse de 5 à 6 litres ; laissé de côté.

2. Dans la mijoteuse, mélanger l'oignon et l'ail. Dans une tasse à mesurer en verre de 2 tasses, mélanger le bouillon d'os de bœuf, le cumin, la coriandre et l'origan ; verser dans le moule. Ajouter les tomates concassées, le concentré de tomates, les amandes, les raisins secs, le chocolat, le poivre séché et les bâtons de cannelle. Placez la viande dans la poêle. Étalez dessus un peu du mélange de tomates. Couvrir et cuire à feu doux pendant 8 à 10 heures ou à feu vif pendant 4 à 5 heures ou jusqu'à ce que le porc soit tendre.

3. Transférez le porc sur une planche à découper ; refroidir un peu. À l'aide de deux fourchettes, séparez la viande en morceaux. Couvrir la viande de papier d'aluminium et réserver.

4. Retirez et jetez le piment séché et les bâtons de cannelle. À l'aide d'une grande cuillère, retirez le gras du mélange de tomates. Transférez le mélange de tomates dans un mélangeur ou un robot culinaire. Couvrir et mélanger ou mélanger jusqu'à ce que le mélange soit presque lisse. Remettez le porc émincé et la sauce dans la mijoteuse. Garder au chaud à feu doux jusqu'au moment de servir, jusqu'à 2 heures.

5. Juste avant de servir, incorporez la coriandre. Servir la taupe dans des bols et garnir de tranches d'avocat, de quartiers de citron et, si désiré, de graines de citrouille.

PORC EPICE AU CARVI ET RAGOUT DE POTIRON

PREPARATION:30 minutes de cuisson : 1 heure donne : 4 portions

MOUTARDE EPICEE ET COURGETTESAJOUTEZ DES COULEURS VIVES ET UNE MULTITUDE DE VITAMINES, AINSI QUE DES FIBRES ET DE L'ACIDE FOLIQUE, A CE RAGOUT ASSAISONNE AUX SAVEURS D'EUROPE DE L'EST.

- 1 1 ¼ à 1 ½ livre de rôti d'épaule de porc
- 1 cuillère de paprika
- 1 cuillère à soupe de graines de carvi finement broyées
- 2 cuillères à café de moutarde sèche
- ¼ cuillère à café de poivre de Cayenne
- 2 cuillères à soupe d'huile de coco raffinée
- 8 onces de champignons frais, tranchés finement
- 2 branches de céleri, coupées transversalement en tranches de 1 pouce
- 1 petit oignon rouge, coupé en fines tranches
- 6 gousses d'ail, hachées
- 5 tasses de bouillon d'os de poulet (voir revenu) ou bouillon de poulet non salé
- 2 tasses de courgettes pelées en cubes
- 3 tasses de feuilles de moutarde ou de chou vert hachées grossièrement
- 2 cuillères à soupe de sauge fraîche hachée
- ¼ tasse de jus de citron frais

1. Coupez le gras du porc. Couper le porc en cubes de 1 ½ pouce; Placer dans un grand bol. Dans un petit bol, mélanger le paprika, les graines de cumin, la moutarde sèche et le poivre de Cayenne. Saupoudrer sur le porc en remuant pour bien enrober.

2. Dans une cocotte de 4 à 5 litres, faites chauffer l'huile de noix de coco à feu moyen. Ajouter la moitié de la viande;

cuire jusqu'à ce qu'il soit doré, en remuant de temps en temps. Retirez la viande de la poêle. Répétez avec le reste de la viande. Mettez la viande de côté.

3. Ajoutez les champignons, le céleri, l'oignon rouge et l'ail dans la cocotte. Cuire 5 minutes en remuant de temps en temps. Remettez la viande dans la cocotte. Ajoutez délicatement le bouillon d'os de poulet. Porter à ébullition; baisser la température. Couvrir et cuire 45 minutes. Incorporer le potiron. Couvrir et cuire encore 10 à 15 minutes ou jusqu'à ce que le porc et la citrouille soient tendres. Ajoutez les feuilles de moutarde et la sauge. Cuire pendant 2 à 3 minutes ou jusqu'à ce que les légumes verts soient tendres. Incorporer le jus de citron.

ROTI DE SURLONGE FARCI AUX FRUITS, SAUCE AU COGNAC

PREPARATION:30 minutes de cuisson : 10 minutes de rôtissage : 1 heure et 15 minutes de repos : 15 minutes donne : 8 à 10 portions

CE ROTI ELEGANT EST PARFAIT POURUNE OCCASION SPECIALE OU UNE REUNION DE FAMILLE, SURTOUT A L'AUTOMNE. SES SAVEURS – POMME, MUSCADE, FRUITS SECS ET NOIX – CAPTURENT L'ESSENCE DE CETTE SAISON. SERVIR AVEC UNE PUREE DE PATATES DOUCES ET DE BLEUETS ET UNE SALADE DE CHOU FRISE DE BETTERAVES ROTIES (VOIRREVENU).

ROTIR

- 1 cuillère d'huile d'olive
- 2 tasses de pommes Granny Smith hachées et pelées (environ 2 moyennes)
- 1 échalote, hachée finement
- 1 cuillère à soupe de thym frais haché
- ¾ cuillère à café de poivre noir fraîchement moulu
- ⅛ cuillère à café de muscade moulue
- ½ tasse d'abricots secs tranchés sans soufre
- ¼ tasse de noix hachées, grillées (voirconseil)
- 1 tasse de bouillon d'os de poulet (voirrevenu) ou bouillon de poulet non salé
- 1 longe de porc désossée de 3 livres (longe simple)

SAUCE AU COGNAC

- 2 cuillères à soupe de cidre de pomme
- 2 cuillères à soupe de cognac
- 1 cuillère à café de moutarde de Dijon (voirrevenu)
- Poivre noir fraîchement moulu

1. Pour la garniture, faites chauffer l'huile d'olive dans une grande poêle à feu moyen. Ajouter les pommes, l'échalote, le thym, ¼ de cuillère à café de poivre et la muscade; cuire

2 à 4 minutes ou jusqu'à ce que les pommes et l'échalote soient tendres et dorées, en remuant de temps en temps. Ajoutez les abricots, les noix et 1 cuillère à soupe de bouillon. Cuire à découvert pendant 1 minute pour ramollir les abricots. Retirer du feu et mettre de côté.

2. Préchauffer le four à 325°F. Papillonnez le rôti de porc en faisant une coupe dans le sens de la longueur au centre du rôti, en coupant à moins de ½ pouce de l'autre côté. Ouvrez le rôti. Placez le couteau dans la coupe en V, face à lui horizontalement vers un côté du V, et coupez à moins de ½ pouce du côté. Répétez de l'autre côté du V. Ouvrez le plat de cuisson et couvrez d'une pellicule plastique. En travaillant du centre vers les bords, pilez le rôti avec un maillet à viande jusqu'à ce qu'il atteigne environ ¾ de pouce d'épaisseur. Retirez et jetez le film plastique. Étalez la garniture sur le dessus du moule. En commençant par un côté court, roulez le rôti en spirale. Attachez avec de la ficelle de cuisine 100 % coton à plusieurs endroits pour sécuriser le rôti. Saupoudrer le rôti de la ½ cuillère à café de poivre restante.

3. Placez le rôti sur une grille dans une rôtissoire peu profonde. Insérez un thermomètre à four au centre du moule (pas dans la garniture). Rôtir, à découvert, pendant 1 heure 15 minutes à 1 heure 30 minutes ou jusqu'à ce que le thermomètre indique 145 ° F. Retirer le rôti et couvrir sans serrer de papier d'aluminium; laisser reposer 15 minutes avant de couper.

4. Pendant ce temps, pour la sauce au brandy, mélangez le reste du bouillon et le jus de cidre de pomme dans la

poêle, en remuant pour gratter les morceaux dorés. Filtrez le jus de cuisson dans une casserole moyenne. Porter à ébullition; cuire environ 4 minutes ou jusqu'à ce que la sauce soit réduite d'un tiers. Ajoutez le cognac et la moutarde de Dijon. Assaisonner au goût avec du poivre supplémentaire. Servir la sauce avec la longe de porc.

ROTI DE PORC FAÇON PORCHETTA

PREPARATION:15 minutes de marinade : repos d'une nuit : 40 minutes de rôtissage : 1 heure donne : 6 portions

PORCHETTA ITALIENNE TRADITIONNELLE(PARFOIS ORTHOGRAPHIE PORETTA EN ANGLAIS AMERICAIN) EST UN COCHON DE LAIT DESOSSE FARCI D'AIL, DE FENOUIL, DE POIVRE ET D'HERBES COMME LA SAUGE OU LE ROMARIN, PUIS PLACE SUR UNE BROCHETTE ET ROTI SUR DU BOIS. IL EST AUSSI GENERALEMENT TRES SALE. CETTE VERSION PALEO EST SIMPLIFIEE ET TRES SAVOUREUSE. REMPLACEZ LA SAUGE PAR DU ROMARIN FRAIS SI VOUS LE SOUHAITEZ, OU UTILISEZ UN MELANGE DES DEUX HERBES.

- 1 longe de porc désossée de 2 à 3 livres
- 2 cuillères à soupe de graines de fenouil
- 1 cuillère à café de poivre noir
- ½ cuillère à café de poivron rouge moulu
- 6 gousses d'ail, hachées
- 1 cuillère à soupe de zeste d'orange finement râpé
- 1 cuillère à soupe de sauge fraîche hachée
- 3 cuillères à soupe d'huile d'olive
- ½ tasse de vin blanc sec
- ½ tasse de bouillon d'os de poulet (voir revenu) ou bouillon de poulet non salé

1. Sortez le rosbif du réfrigérateur; laisser à température ambiante pendant 30 minutes. Pendant ce temps, dans une petite poêle, faire griller les graines de fenouil à feu moyen, en remuant fréquemment, environ 3 minutes ou jusqu'à ce qu'elles soient foncées et parfumées ; Cool. Transférer dans un moulin à épices ou un moulin à café propre. Ajoutez les grains de poivre et le poivron rouge

concassé. Broyer jusqu'à consistance moyenne-fine. (Ne pas réduire en poudre.)

2. Préchauffer le four à 325°F. Dans un petit bol, mélanger les épices moulues, l'ail, le zeste d'orange, la sauge et l'huile d'olive pour obtenir une pâte. Placer le porc sur une grille dans une petite rôtissoire. Frottez le mélange sur tout le porc. (Si vous le souhaitez, placez le porc assaisonné dans un plat allant au four en verre de 9 × 13 × 2 pouces. Couvrir d'une pellicule plastique et réfrigérer toute la nuit pour mariner. Transférer la viande sur une plaque à pâtisserie avant la cuisson et laisser reposer à température ambiante pendant 30 minutes avant cuisson.)

3. Rôtir le porc pendant 1 à 1 1/2 heures ou jusqu'à ce qu'un thermomètre à lecture instantanée inséré au centre du rôti indique 145°F. Transférer le rôti sur une planche à découper et couvrir légèrement de papier d'aluminium. Laisser reposer 10 à 15 minutes avant de trancher.

4. Pendant ce temps, versez le jus de cuisson dans une tasse à mesurer en verre. Écumez la graisse par le dessus; laissé de côté. Placez le plat allant au four sur le brûleur de la cuisinière. Versez le vin et le bouillon d'os de poulet dans la poêle. Porter à ébullition à feu moyen-vif, en remuant pour gratter les morceaux dorés. Faire bouillir pendant environ 4 minutes ou jusqu'à ce que le mélange soit légèrement réduit. Incorporer le jus de cuisson réservé; tension. Trancher le porc et servir avec la sauce.

LONGE DE PORC ROTIE AUX TOMATES

PREPARATION:40 minutes pour griller : 10 minutes pour cuire : 20 minutes pour cuire : 40 minutes pour reposer : 10 minutes pour préparer : 6 à 8 portions

LES TOMATILLES ONT UN REVETEMENT COLLANT ET DE LA SEVESOUS LEURS PEAUX DE PAPIER. APRES AVOIR RETIRE LES PEAUX, RINCEZ-LES RAPIDEMENT SOUS L'EAU COURANTE ET ELLES SONT PRETES A L'EMPLOI.

1 livre de tomatilles, pelées, équeutées et lavées
4 piments serrano, équeutés, épépinés et coupés en deux (voir<u>conseil</u>)
2 jalapeños, équeutés, épépinés et coupés en deux (voir<u>conseil</u>)
1 gros poivron jaune, épépiné, épépiné et coupé en deux
1 gros poivron orange, épépiné, épépiné et coupé en deux
2 cuillères à soupe d'huile d'olive
1 2 à 2 ½ livres de longe de porc désossée
1 gros oignon jaune, pelé, coupé en deux et tranché finement
4 gousses d'ail, hachées
¾ tasse d'eau
¼ tasse de jus de citron frais
¼ tasse de coriandre fraîche hachée

1. Préchauffez le gril à haute température. Tapisser une plaque à pâtisserie de papier d'aluminium. Disposez les tomatilles, les piments serrano, les jalapeños et les poivrons sur la plaque à pâtisserie préparée. Griller les légumes à 4 pouces du feu jusqu'à ce qu'ils soient bien carbonisés, en retournant les tomatilles de temps en temps et en retirant les légumes au fur et à mesure qu'ils carbonisent, environ 10 à 15 minutes. Placer les serranos, les jalapeños et les tomatilles dans un bol. Disposez les poivrons dans une assiette. Mettez les légumes de côté pour qu'ils refroidissent.

2. Dans une grande poêle, chauffer l'huile à feu moyen-vif jusqu'à ce qu'elle brille. Séchez le rôti de porc avec du papier absorbant propre et ajoutez-le à la poêle. Cuire jusqu'à ce qu'il soit bien doré de tous les côtés, en tournant le rôti pour qu'il dore uniformément. Transférer le rôti dans une assiette. Réduire le feu à moyen. Ajouter l'oignon dans la poêle; cuire et remuer pendant 5 à 6 minutes ou jusqu'à ce qu'il soit doré. Ajouter l'ail; cuire encore 1 minute. Retirez la poêle du feu.

3. Préchauffer le four à 350 °F. Pour la sauce tomatille, dans un robot culinaire ou un mélangeur, mélanger les tomatilles, les serranos et les jalapeños. Couvrir et mélanger ou mélanger jusqu'à consistance lisse; ajoutez l'oignon dans la poêle. Remettez la poêle sur le feu. Porter à ébullition; cuire 4 à 5 minutes ou jusqu'à ce que le mélange soit foncé et épais. Ajoutez l'eau, le jus de citron et la coriandre.

4. Étalez la sauce tomate dans une rôtissoire peu profonde ou un plat allant au four rectangulaire de 3 litres. Placer le porc dans la sauce. Couvrir hermétiquement de papier d'aluminium. Cuire au four de 40 à 45 minutes ou jusqu'à ce qu'un thermomètre à lecture instantanée inséré au centre du rôti indique 140 °F.

5. Coupez les poivrons en lanières. Mélangez la sauce tomate dans la poêle. Tentez sans serrer avec du papier d'aluminium; laissez reposer 10 minutes. Tranche de viande ; remuer la sauce. Servir les tranches de porc généreusement garnies de sauce tomate.

LONGE DE PORC FARCIE A L'ABRICOT

PREPARATION:20 minutes de rôtissage : 45 minutes de repos : 5 minutes donne : 2 à 3 portions

- 2 abricots frais moyens, hachés grossièrement
- 2 cuillères à soupe de raisins secs sans soufre
- 2 cuillères à soupe de noix hachées
- 2 cuillères à café de gingembre frais râpé
- ¼ cuillère à café de cardamome moulue
- 1 longe de porc de 12 onces
- 1 cuillère d'huile d'olive
- 1 cuillère à soupe de moutarde de Dijon (voir revenu)
- ¼ cuillère à café de poivre noir

1. Préchauffer le four à 375°F. Tapisser une plaque à pâtisserie de papier d'aluminium; placer une plaque à pâtisserie sur la plaque à pâtisserie.

2. Dans un petit bol, mélanger les abricots, les raisins secs, les noix, le gingembre et la cardamome.

3. Faites une coupe dans le sens de la longueur au centre du porc, en coupant à ½ pouce de l'autre côté. Papillon, il s'ouvre. Placez le porc entre deux couches de pellicule plastique. À l'aide du côté plat d'un maillet à viande, écrasez légèrement la viande jusqu'à ce qu'elle ait environ ⅓ de pouce d'épaisseur. Pliez le bout de la queue pour former un rectangle uniforme. Battez légèrement la viande pour obtenir une épaisseur uniforme.

4. Étalez le mélange d'abricots sur le porc. En commençant par l'extrémité la plus étroite, enroulez le porc. Attachez avec de la ficelle de cuisine 100 % coton, d'abord au centre, puis à intervalles de 1 pouce. Placez le rôti sur le gril.

5. Mélangez l'huile d'olive et la moutarde de Dijon ; badigeonner le rôti. Saupoudrer le rôti de poivre. Cuire au four pendant 45 à 55 minutes ou jusqu'à ce qu'un thermomètre à lecture instantanée inséré au centre du rôti indique 140 ° F. Laisser reposer 5 à 10 minutes avant de trancher.

FILET DE PORC EN CROUTE D'HERBES ET HUILE D'AIL CROUSTILLANTE

PREPARATION:15 minutes de rôtissage : 30 minutes de cuisson : 8 minutes de repos : 5 minutes pour : 6 portions

- ⅓ tasse de moutarde de Dijon (voir<u>revenu</u>)
- ¼ tasse de persil frais haché
- 2 cuillères à soupe de thym frais haché
- 1 cuillère à soupe de romarin frais haché
- ½ cuillère à café de poivre noir
- 2 filets de porc de 12 onces
- ½ tasse d'huile d'olive
- ¼ tasse d'ail frais émincé
- ¼ à 1 cuillère à café de poivron rouge broyé

1. Préchauffer le four à 450°F. Tapisser une plaque à pâtisserie de papier d'aluminium; placer une plaque à pâtisserie sur la plaque à pâtisserie.

2. Dans un petit bol, mélangez la moutarde, le persil, le thym, le romarin et le poivre noir pour obtenir une pâte. Étalez le mélange de moutarde et d'herbes sur le dessus et les côtés du porc. Transférer le porc dans la rôtissoire. Placer le rôti au four; baissez la température à 375°F. Cuire au four pendant 30 à 35 minutes ou jusqu'à ce qu'un thermomètre à lecture instantanée inséré au centre du rôti indique 140 ° F. Laisser reposer 5 à 10 minutes avant de trancher.

3. Pendant ce temps, pour l'huile d'ail, dans une petite casserole, mélanger l'huile d'olive et l'ail. Cuire à feu moyen-doux pendant 8 à 10 minutes ou jusqu'à ce que l'ail soit doré et commence à devenir croustillant (ne

laissez pas l'ail brûler). Retirer du feu; incorporer le poivron rouge broyé. Tranche de porc; Verser l'huile d'ail sur les tranches avant de servir.

PORC AUX EPICES INDIENNES AVEC SAUCE A LA NOIX DE COCO

DU DEBUT A LA FIN : 20 minutes donnent : 2 portions

3 cuillères à café de curry en poudre
2 cuillères à café de garam masala non salé
1 cuillère à café de cumin moulu
1 cuillère à café de coriandre moulue
1 longe de porc de 12 onces
1 cuillère d'huile d'olive
½ tasse de lait de coco naturel (comme la marque Nature's Way)
¼ tasse de coriandre fraîche hachée
2 cuillères à soupe de menthe fraîche hachée

1. Dans un petit bol, mélanger 2 cuillères à café de poudre de curry, le garam masala, le cumin et la coriandre. Couper le porc en tranches de ½ pouce d'épaisseur; saupoudrer d'épices. .

2. Dans une grande poêle, faites chauffer l'huile d'olive à feu moyen. Ajouter les tranches de porc dans la poêle; cuire 7 minutes en retournant une fois. Retirer le porc de la poêle; couvrir pour garder au chaud. Pour la sauce, ajoutez le lait de coco et 1 cuillère à café de poudre de curry restante dans la poêle, en remuant pour gratter les morceaux. Faire sauter pendant 2 à 3 minutes. Ajoutez la coriandre et la menthe. Ajouter le porc; cuire jusqu'à ce qu'il soit bien chaud, en versant la sauce sur le porc.

ESCALOPES DE PORC AUX POMMES ET CHATAIGNES ASSAISONNEES

PREPARATION:20 minutes de cuisson : 15 minutes donnent : 4 portions

2 filets de porc de 12 onces

1 cuillère à soupe de poudre d'oignon

1 cuillère de poudre d'ail

½ cuillère à café de poivre noir

2 à 4 cuillères à soupe d'huile d'olive

2 pommes Fuji ou Pink Lady, pelées, évidées et hachées grossièrement

¼ tasse de ciboulette hachée

¾ cuillère à café de cannelle en poudre

⅛ cuillère à café de clous de girofle moulus

⅛ cuillère à café de muscade moulue

½ tasse de bouillon d'os de poulet (voir revenu) ou bouillon de poulet non salé

2 cuillères à soupe de jus de citron frais

½ tasse de châtaignes grillées pelées et hachées* ou de noix hachées

1 cuillère à soupe de sauge fraîche hachée

1. Coupez les filets en tranches de ½ pouce d'épaisseur en biais. Placer les tranches de porc entre deux feuilles de pellicule plastique. À l'aide du côté plat d'un maillet à viande, piler jusqu'à obtenir une consistance fine. Saupoudrer les tranches de poudre d'oignon, de poudre d'ail et de poivre noir.

2. Dans une grande poêle, faites chauffer 2 cuillères à soupe d'huile d'olive à feu moyen. Cuire le porc, par lots, pendant 3 à 4 minutes, en le retournant une fois et en ajoutant de l'huile si nécessaire. Transférer le porc dans une assiette; couvrir et garder au chaud.

3. Augmentez le feu à moyen-vif. Ajoutez les pommes, les échalotes, la cannelle, les clous de girofle et la muscade. Cuire et remuer pendant 3 minutes. Ajouter le bouillon d'os de poulet et le jus de citron. Couvrir et cuire 5 minutes. Retirer du feu; incorporer les châtaignes et la sauge. Servir le mélange de pommes sur le porc.

*Remarque : Pour rôtir des châtaignes, préchauffer le four à 400°F. Découpez un X sur un côté de la coque de châtaigne. Cela entraînera le détachement de la peau pendant la cuisson. Placez les châtaignes sur une plaque à pâtisserie et faites-les rôtir pendant 30 minutes ou jusqu'à ce que la peau se sépare de la noix et que les noix soient tendres. Enveloppez les châtaignes grillées dans un torchon propre. Pelez les coquilles et la peau des noix jaune-blanc.

FAJITA DE PORC SAUTE

PREPARATION:20 minutes de cuisson : 22 minutes donne : 4 portions

1 livre de longe de porc, coupée en lanières de 2 pouces

3 cuillères à soupe d'assaisonnement pour fajita non salé ou d'assaisonnement mexicain (voir<u>revenu</u>)

2 cuillères à soupe d'huile d'olive

1 petit oignon, tranché finement

½ poivron rouge, épépiné et tranché finement

½ poivron orange épépiné et coupé en fines tranches

1 jalapeño, sans tige et tranché finement (voir<u>conseil</u>) (facultatif)

½ cuillère à café de graines de cumin

1 tasse de champignons frais tranchés finement

3 cuillères à soupe de jus de citron frais

½ tasse de coriandre fraîche hachée

1 avocat sans pépins, pelé et haché

Persil souhaité (voir<u>revenus</u>)

1. Saupoudrer le porc de 2 cuillères à soupe d'assaisonnement pour fajita. Dans une très grande poêle, faire chauffer 1 cuillère à soupe d'huile à feu moyen-vif. Ajouter la moitié du porc; cuire et remuer pendant environ 5 minutes ou jusqu'à ce qu'il ne soit plus rose. Transférer la viande dans un bol et couvrir pour la garder au chaud. Répéter avec le reste de l'huile et du porc.

2. Augmentez le feu à moyen. Ajoutez 1 cuillère à soupe d'assaisonnement pour fajita restante, l'oignon, le poivron, le jalapeño et le cumin. Cuire et remuer pendant environ 10 minutes ou jusqu'à ce que les légumes soient tendres. Remettez toute la viande et tous les jus accumulés dans la poêle. Ajoutez les champignons et le jus de citron vert. Cuire jusqu'à ce que le tout soit bien chaud.

Retirez la poêle du feu; incorporer la coriandre. Servir avec l'avocat et la salsa désirée.

LONGE DE PORC AU PORTO ET AUX PRUNES

PREPARATION:10 minutes de rôtissage : 12 minutes de repos : 5 minutes donne : 4 portions

LE PORTO EST UN VIN FORTIFIE,CE QUI SIGNIFIE QU'UN ESPRIT DE TYPE BRANDY Y EST AJOUTE POUR ARRETER LE PROCESSUS DE FERMENTATION. CELA SIGNIFIE QU'IL CONTIENT PLUS DE SUCRE RESIDUEL QUE LE VIN DE TABLE ROUGE ET QU'IL A DONC UN GOUT PLUS SUCRE. CE N'EST PAS QUELQUE CHOSE QUE L'ON A ENVIE DE BOIRE TOUS LES JOURS, MAIS UN PEU UTILISE EN CUISINE DE TEMPS EN TEMPS EST AGREABLE.

2 filets de porc de 12 onces

2½ cuillères à café de coriandre moulue

¼ cuillère à café de poivre noir

2 cuillères à soupe d'huile d'olive

1 échalote, tranchée

½ verre de porto

½ tasse de bouillon d'os de poulet (voir<u>revenu</u>) ou bouillon de poulet non salé

20 prunes séchées dénoyautées (pruneaux)

½ cuillère à café de poivron rouge moulu

2 cuillères à café d'estragon frais haché

1. Préchauffer le four à 400°F. Saupoudrer le porc de 2 cuillères à café de coriandre et de poivre noir.

2. Dans une grande poêle antiadhésive, faites chauffer l'huile d'olive à feu moyen-vif. Ajoutez les filets dans la poêle. Cuire jusqu'à ce qu'ils soient dorés de tous les côtés, en tournant pour dorer uniformément, environ 8 minutes. Mettez la poêle au four. Rôtir, à découvert, environ 12 minutes ou jusqu'à ce qu'un thermomètre à lecture

instantanée inséré au centre du rôti indique 140 ° F. Transférer les filets sur une planche à découper. Couvrir légèrement de papier d'aluminium et laisser reposer 5 minutes.

3. Pendant ce temps, pour la sauce, égouttez le gras de la poêle en réservant 1 cuillère à soupe. Cuire l'oignon dans le jus réservé dans la poêle à feu moyen pendant environ 3 minutes ou jusqu'à ce qu'il soit doré et tendre. Ajoutez le porto dans la poêle. Porter à ébullition en remuant pour gratter les morceaux dorés. Ajouter le bouillon d'os de poulet, les pruneaux, le poivron rouge broyé et la ½ cuillère à café de coriandre restante. Cuire à feu moyen-vif pour réduire légèrement, environ 1 à 2 minutes. Incorporer l'estragon.

4. Tranchez le porc et servez-le avec des prunes et de la sauce.

PORC FAÇON MOO SHU DANS DES COUPES DE LAITUE AVEC LEGUMES MARINES RAPIDEMENT

DU DEBUT A LA FIN : 45 minutes donnent : 4 portions

SI VOUS AVEZ DEJA MANGE UN PLAT TRADITIONNEL MOO SHUDANS UN RESTAURANT CHINOIS, VOUS SAVEZ QU'IL S'AGIT D'UNE GARNITURE SAVOUREUSE A LA VIANDE ET AUX LEGUMES, MANGEE SUR DE FINES CREPES AVEC UNE SAUCE SUCREE AUX PRUNES OU AU HOISIN. CETTE VERSION PALEO PLUS LEGERE ET PLUS FRAICHE COMPREND DU PORC, DU CHOU CHINOIS ET DES CHAMPIGNONS SHIITAKE SAUTES AU GINGEMBRE ET A L'AIL ET DEGUSTES DANS DES ROULES DE LAITUE AVEC DES LEGUMES MARINES CROQUANTS.

LEGUMES MARINES

- 1 tasse de carottes en julienne
- 1 tasse de radis daikon en julienne
- ¼ tasse d'oignon rouge haché
- 1 tasse de jus de pomme non sucré
- ½ tasse de vinaigre de cidre

PORC

- 2 cuillères à soupe d'huile d'olive ou d'huile de coco raffinée
- 3 œufs légèrement battus
- 8 onces de filet de porc, coupé en lanières de 2 × ½ pouces
- 2 cuillères à café de gingembre frais haché
- 4 gousses d'ail, hachées
- 2 tasses de chou napa tranché finement
- 1 tasse de champignons shiitake tranchés finement
- ¼ tasse de ciboulette finement tranchée

8 feuilles de laitue Boston

1. Pour des légumes marinés rapidement, dans un grand bol, mélanger les carottes, le daikon et l'oignon. Pour la saumure, dans une casserole, faites chauffer le jus de pomme et le vinaigre jusqu'à ce que la vapeur monte. Versez la saumure sur les légumes dans un bol; Couvrir et laisser refroidir jusqu'au moment de servir.

2. Dans une grande poêle, faites chauffer 1 cuillère à soupe d'huile d'olive à feu moyen-vif. A l'aide d'un fouet, battez légèrement les œufs. Ajouter les œufs dans la poêle; cuire, sans remuer, jusqu'à ce que le fond soit pris, environ 3 minutes. A l'aide d'une spatule flexible, retournez délicatement l'œuf et faites cuire l'autre face. Faites glisser l'œuf de la poêle sur une assiette de service.

3. Remettez la poêle sur le feu ; ajouter 1 cuillère à soupe d'huile restante. Ajouter les lanières de porc, le gingembre et l'ail. Cuire et remuer à feu moyen-vif pendant environ 4 minutes ou jusqu'à ce que le porc ne soit plus rose. Ajouter le chou et les champignons; cuire et remuer pendant environ 4 minutes ou jusqu'à ce que le chou soit fané, que les champignons aient ramolli et que le porc soit bien cuit. Retirez la poêle du feu. Coupez l'œuf à la coque en lanières. Incorporer délicatement les lanières d'œufs et la ciboulette au mélange de porc. Servir sur des feuilles de laitue et garnir de légumes marinés.

COTELETTES DE PORC AUX MACADAMIAS, SAUGE, FIGUES ET PUREE DE PATATE DOUCE

PREPARATION:15 minutes de cuisson : 25 minutes donnent : 4 portions

SERVI AVEC PUREE DE PATATE DOUCE,CES COTELETTES JUTEUSES GLACEES A LA SAUGE CONSTITUENT UN REPAS D'AUTOMNE PARFAIT ET RAPIDE A PREPARER, CE QUI LE REND PARFAIT POUR UN SOIR DE SEMAINE CHARGE.

4 côtelettes de longe de porc désossées, coupées à 1¼ pouces d'épaisseur

3 cuillères à soupe de sauge fraîche hachée

¼ cuillère à café de poivre noir

3 cuillères à soupe d'huile de macadamia

2 livres de patates douces, pelées et coupées en morceaux de 1 pouce

¾ tasse de noix de macadamia hachées

½ tasse de figues séchées hachées

⅓ tasse de bouillon d'os de bœuf (voir revenu) ou bouillon de viande non salé

1 cuillère à soupe de jus de citron frais

1. Saupoudrer les deux côtés des côtelettes de porc de 2 cuillères à soupe de sauge et de poivre ; frottez avec vos doigts. Dans une grande poêle, faites chauffer 2 cuillères à soupe d'huile à feu moyen. Ajouter les côtelettes à la poêle; cuire 15 à 20 minutes ou jusqu'à ce qu'ils soient cuits (145 °F), en retournant une fois à mi-cuisson. Transférer les côtelettes dans une assiette; couvrir pour garder au chaud.

2. Pendant ce temps, dans une grande casserole, mélanger les patates douces et suffisamment d'eau pour couvrir. Porter à ébullition; baisser la température. Couvrir et cuire 10 à

15 minutes ou jusqu'à ce que les pommes de terre soient tendres. Égouttez les pommes de terre. Ajoutez la cuillère à soupe d'huile de macadamia restante aux pommes de terre et écrasez-les jusqu'à obtenir une consistance crémeuse ; Garder au chaud.

3. Pour la sauce, ajoutez les noix de macadamia dans la poêle ; cuire à feu moyen jusqu'à ce qu'il soit grillé. Ajouter les figues séchées et 1 cuillère à soupe de sauge restante; cuire 30 secondes. Ajoutez le bouillon d'os de bœuf et le jus de citron dans la poêle, en remuant pour gratter les morceaux dorés. Verser la sauce sur les côtelettes de porc et servir avec de la purée de patates douces.

COTELETTES DE PORC POELEES AU ROMARIN ET A LA LAVANDE, AVEC RAISINS ET NOIX ROTIES

PREPARATION:10 minutes Cuisson : 6 minutes Rôtissage : 25 minutes Donne : 4 portions

ROTIR LES RAISINS AVEC LES COTELETTES DE PORCINTENSIFIE LA SAVEUR ET LA DOUCEUR. ACCOMPAGNES DE NOIX GRILLEES CROQUANTES ET D'UNE PINCEE DE ROMARIN FRAIS, ILS CONSTITUENT UNE MERVEILLEUSE GARNITURE POUR CES COTELETTES COPIEUSES.

2 cuillères à soupe de romarin frais haché
1 cuillère à soupe de lavande fraîche hachée
½ cuillère à café de poudre d'ail
½ cuillère à café de poivre noir
4 côtelettes de longe de porc, coupées à 1¼ pouce d'épaisseur (environ 3 livres)
1 cuillère d'huile d'olive
1 grosse échalote, tranchée finement
1 ½ tasse de raisins rouges et/ou verts sans pépins
½ tasse de vin blanc sec
¾ tasse de noix grossièrement hachées
Romarin frais tranché

1. Préchauffer le four à 375°F. Dans un petit bol, mélanger 2 cuillères à soupe de romarin, de lavande, de poudre d'ail et de poivre. Frottez uniformément le mélange d'herbes dans les côtelettes de porc. Dans une très grande poêle antiadhésive, faites chauffer l'huile d'olive à feu moyen. Ajouter les côtelettes à la poêle; cuire de 6 à 8 minutes ou jusqu'à ce qu'ils soient dorés des deux côtés. Transférer les côtelettes dans une assiette; couvrir de papier d'aluminium.

2. Ajoutez l'échalote dans la poêle. Cuire et remuer à feu moyen pendant 1 minute. Ajoutez les raisins et le vin. Cuire encore 2 minutes en remuant pour gratter les morceaux dorés. Remettez les côtelettes de porc dans la poêle. Placer la poêle au four; cuire au four de 25 à 30 minutes ou jusqu'à ce que les côtelettes soient cuites (145 °F).

3. Pendant ce temps, étalez les noix dans un plat peu profond allant au four. Ajouter au four avec les côtelettes. Cuire au four environ 8 minutes ou jusqu'à ce qu'ils soient grillés, en remuant une fois pour griller uniformément.

4. Pour servir, garnir les côtelettes de porc de raisins et de noix grillées. Saupoudrer de romarin frais supplémentaire.

COTELETTES DE PORC A LA FIORENTINA AVEC RABE DE BROCOLI GRILLE

PREPARATION:20 minutes Griller : 20 minutes Mariner : 3 minutes Pour : 4 portionsPHOTOGRAPHIER

« LA FIORENTINE »SIGNIFIE ESSENTIELLEMENT « DANS LE STYLE DE FLORENCE ». CETTE RECETTE EST INSPIREE DE LA BISTECCA ALLA FIORENTINA, UN T-BONE TOSCAN GRILLE AU FEU DE BOIS AVEC LES AROMES LES PLUS SIMPLES – GENERALEMENT JUSTE DE L'HUILE D'OLIVE, DU SEL, DU POIVRE NOIR ET UN FILET DE CITRON FRAIS POUR FINIR.

1 livre de brocoli-rave

1 cuillère d'huile d'olive

4 côtelettes de longe de porc avec os de 6 à 8 onces, coupées de 1 ½ à 2 pouces d'épaisseur

Poivre noir grossièrement moulu

1 citron

4 gousses d'ail, tranchées finement

2 cuillères à soupe de romarin frais haché

6 feuilles de sauge fraîches, hachées

1 cuillère à café de flocons de piment rouge broyés (ou au goût)

½ tasse d'huile d'olive

1. Dans une grande casserole, blanchir le brocoli dans l'eau bouillante pendant 1 minute. Transférer immédiatement dans un bol d'eau glacée. Une fois refroidi, égouttez le brocoli sur une plaque à pâtisserie tapissée de papier absorbant, en le séchant autant que possible avec du papier absorbant supplémentaire. Retirez les serviettes en papier de la plaque à pâtisserie. Arroser le brocoli avec 1

cuillère à soupe d'huile d'olive, en remuant pour enrober; réserver jusqu'au moment de griller.

2. Saupoudrer les deux côtés des côtelettes de porc de poivre grossièrement moulu. laissé de côté. A l'aide d'un épluche-légumes, retirez les lanières de zeste du citron (conservez le citron pour une autre utilisation). Étalez les lanières de zeste de citron, l'ail tranché, le romarin, la sauge et le poivron rouge écrasé sur une grande assiette ; laissé de côté.

3. Pour un gril au charbon de bois, déplacez la plupart des charbons ardents d'un côté du gril, en laissant quelques charbons sous l'autre côté du gril. Saisir les côtelettes directement sur la braise pendant 2 à 3 minutes ou jusqu'à ce qu'une croûte brune se forme. Retourner les côtelettes et saisir le deuxième côté pendant encore 2 minutes. Déplacez les côtelettes de l'autre côté du gril. Couvrir et griller pendant 10 à 15 minutes ou jusqu'à ce que ce soit cuit (145 °F). (Pour un gril à gaz, préchauffez le gril ; réduisez le feu d'un côté du gril à moyen. Saisissez les côtelettes comme indiqué ci-dessus à feu vif. Passez du côté du gril à feu moyen ; continuez comme indiqué ci-dessus.)

4. Transférez les côtelettes dans le plat. Arroser les côtelettes de ½ tasse d'huile d'olive, en les retournant pour enrober les deux côtés. Laissez les côtelettes mariner pendant 3 à 5 minutes avant de servir, en les retournant une ou deux fois pour infuser la viande des saveurs du zeste de citron, de l'ail et des herbes.

5. Pendant que les côtelettes reposent, faites griller le brocoli pour qu'il soit légèrement doré et bien chaud. Disposer le brocoli sur l'assiette avec les côtelettes de porc; verser un peu de marinade sur chaque côtelette et chaque brocoli avant de servir.

COTELETTES DE PORC FARCIES AUX ENDIVES

PREPARATION:20 minutes de cuisson : 9 minutes pour : 4 portions

LA SCAROLE PEUT ETRE CONSOMMEE EN SALADE VERTEOU LEGEREMENT SAUTE AVEC DE L'AIL DANS L'HUILE D'OLIVE POUR UN ACCOMPAGNEMENT RAPIDE. ICI, COMBINE AVEC DE L'HUILE D'OLIVE, DE L'AIL, DU POIVRE NOIR, DU POIVRON ROUGE BROYE ET DU CITRON, IL CONSTITUE UNE BELLE GARNITURE VERT VIF POUR DE SUCCULENTES COTELETTES DE PORC GRILLEES.

- 4 côtelettes de porc avec os de 6 à 8 onces, coupées à ¾ de pouce d'épaisseur
- ½ d'endive moyenne, hachée finement
- 4 cuillères à soupe d'huile d'olive
- 1 cuillère à soupe de jus de citron frais
- ¼ cuillère à café de poivre noir
- ¼ cuillère à café de poivron rouge moulu
- 2 grosses gousses d'ail, hachées
- Huile
- 1 cuillère à soupe de sauge fraîche hachée
- ¼ cuillère à café de poivre noir
- ⅓ tasse de vin blanc sec

1. À l'aide d'un couteau, découpez une poche profonde d'environ 2 pouces de large dans le côté incurvé de chaque côtelette de porc. laissé de côté.

2. Dans un grand bol, mélanger les endives, 2 cuillères à soupe d'huile d'olive, le jus de citron, ¼ de cuillère à café de poivre noir, le poivron rouge broyé et l'ail. Farcir chaque escalope avec un quart du mélange. Badigeonner les

côtelettes d'huile d'olive. Saupoudrer de sauge et de ¼ cuillère à café de poivre noir moulu.

3. Dans une très grande poêle, faites chauffer les 2 cuillères à soupe d'huile d'olive restantes à feu moyen-vif. Saisir le porc 4 minutes de chaque côté jusqu'à ce qu'il soit doré. Transférer les côtelettes dans une assiette. Ajoutez le vin dans la poêle en grattant les morceaux dorés. Réduisez le jus de cuisson pendant 1 minute.

4. Arrosez les côtelettes avec le jus de cuisson avant de servir.

COTELETTES DE PORC EN CROUTE DE DIJON ET PACANES

PREPARATION:15 minutes de cuisson : 6 minutes de cuisson : 3 minutes donne : 4 portionsPHOTOGRAPHIER

CES COTES LEVEES EN CROUTE DE MOUTARDE ET DE NOIXCELA NE POURRAIT PAS ETRE PLUS SIMPLE A PREPARER - ET LA RECOMPENSE EN SAVEUR DEPASSE DE LOIN L'EFFORT. ESSAYEZ-LES AVEC DU POTIRON ROTI A LA CANNELLE (VOIRREVENU), SALADE WALDORF NEOCLASSIQUE (VOIRREVENU), OU ENCORE UNE SALADE DE CHOUX DE BRUXELLES ET POMMES (VOIRREVENU).

- ⅓ tasse de pacanes hachées, grillées (voirconseil)
- 1 cuillère à soupe de sauge fraîche hachée
- 3 cuillères à soupe d'huile d'olive
- 4 côtelettes de porc avec os, coupées au centre, d'environ 1 pouce d'épaisseur (environ 2 livres au total)
- ½ cuillère à café de poivre noir
- 2 cuillères à soupe d'huile d'olive
- 3 cuillères à soupe de moutarde de Dijon (voirrevenu)

1. Préchauffer le four à 400°F. Dans un petit bol, mélanger les noix, la sauge et 1 cuillère à soupe d'huile d'olive.

2. Saupoudrez les côtelettes de porc de poivre. Dans une grande poêle, faites chauffer les 2 cuillères à soupe d'huile d'olive restantes à feu vif. Ajouter les côtelettes; cuire environ 6 minutes ou jusqu'à ce qu'ils soient dorés des deux côtés, en les retournant une fois. Retirez la poêle du feu. Étaler la moutarde à la dijonnaise sur les côtelettes; saupoudrer du mélange de noix, en pressant légèrement dans la moutarde.

3. Placez la poêle au four. Cuire au four de 3 à 4 minutes ou jusqu'à ce que les côtelettes soient cuites (145 °F).

PORC EN CROUTE DE PACANES AVEC SALADE D'EPINARDS ET DE CANNEBERGES

PREPARATION:30 minutes de cuisson : 4 minutes pour : 4 portions

LE PORC A UNE SAVEUR NATURELLEMENT SUCREEQUI SE MARIE BIEN AVEC LES FRUITS. ALORS QUE LES SUSPECTS HABITUELS SONT LES FRUITS D'AUTOMNE COMME LES POMMES ET LES POIRES – OU LES FRUITS A NOYAU COMME LES PECHES, LES PRUNES ET LES ABRICOTS – LE PORC EST EGALEMENT DELICIEUX AVEC LES MURES, QUI ONT UNE SAVEUR SUCREE SEMBLABLE A CELLE DU VIN.

- 1⅔ tasse de mûres
- 1 cuillère à soupe plus 1 ½ cuillères à café d'eau
- 3 cuillères à soupe d'huile de noix
- 1 cuillère à soupe plus 1 ½ cuillères à café de vinaigre de vin blanc
- 2 oeufs
- ¾ tasse de farine d'amande
- ⅓ tasse de noix hachées
- 1 cuillère à soupe plus 1 ½ cuillères à café d'assaisonnement méditerranéen (voir revenu)
- 4 côtelettes de porc désossées ou côtelettes de longe de porc (1 à 1½ livre au total)
- 6 tasses de jeunes pousses d'épinards fraîches
- ½ tasse de feuilles de basilic frais déchirées
- ½ tasse d'oignon rouge haché
- ½ tasse de noix hachées, grillées (voir conseil)
- ¼ tasse d'huile de noix de coco raffinée

1. Pour la vinaigrette aux mûres, dans une petite casserole, mélanger 1 tasse de mûres et l'eau. Porter à ébullition; baisser la température. Cuire à couvert pendant 4 à 5

minutes ou jusqu'à ce que les baies soient ramollies et que la couleur soit brun vif, en remuant de temps en temps. Retirer du feu; refroidir un peu. Versez les mûres non égouttées dans un mélangeur ou un robot culinaire; couvrir et mélanger ou mélanger jusqu'à consistance lisse. À l'aide du dos d'une cuillère, passer les fruits écrasés au tamis à mailles fines ; jeter les graines et les solides. Dans un bol moyen, mélanger les fruits secs, l'huile de noix et le vinaigre ; laissé de côté.

2. Tapisser une grande plaque à pâtisserie de papier sulfurisé; laissé de côté. Dans une assiette peu profonde, battez légèrement les œufs à la fourchette. Dans un autre plat peu profond, mélanger la farine d'amande, ⅓ tasse de noix hachées et l'assaisonnement méditerranéen. Tremper les côtelettes de porc, une à la fois, dans les œufs puis dans le mélange de noix, en les retournant pour bien les enrober. Placer les côtelettes de porc enrobées sur une plaque à pâtisserie préparée; laissé de côté.

3. Dans un grand bol, mélanger les épinards et le basilic. Répartissez les légumes dans quatre assiettes de service, en les disposant sur un côté des assiettes. Garnir du reste de ⅔ tasse de baies, d'oignon rouge et de ½ tasse de noix grillées. Arroser de vinaigrette aux mûres.

4. Dans une très grande poêle, faites chauffer l'huile de noix de coco à feu moyen-vif. Ajouter les côtelettes de porc à la poêle; cuire environ 4 minutes ou jusqu'à ce qu'ils soient cuits (145 °F), en les retournant une fois. Ajoutez des côtelettes de porc aux plats de salade.

ESCALOPE DE PORC AU CHOU ROUGE AIGRE-DOUX

PREPARATION : 20 minutes de cuisson : 45 minutes donne : 4 portions

AU « PRINCIPES PALEO » UNE PARTIE DE CE LIVRE, LA FARINE D'AMANDE (EGALEMENT APPELEE FARINE D'AMANDE) EST REPERTORIEE COMME UN INGREDIENT NON PALEO – NON PAS PARCE QUE LA FARINE D'AMANDE EST INTRINSEQUEMENT MAUVAISE, MAIS PARCE QU'ELLE EST SOUVENT UTILISEE POUR CREER DES ANALOGUES DE BROWNIES, DE GATEAUX, DE BISCUITS, ETC. A BASE DE FARINE DE BLE, QUI NE DEVRAIT PAS FAIRE PARTIE INTEGRANTE D'UN REGIME REAL PALEO®. UTILISE AVEC PARCIMONIE COMME ENROBAGE D'UNE FINE COQUILLE SAINT-JACQUES DE PORC OU D'UN POULET FRIT, COMME C'EST LE CAS ICI, CE N'EST PAS UN PROBLEME.

CHOU

- 2 cuillères à soupe d'huile d'olive
- 1 tasse d'oignon rouge haché
- 6 tasses de chou rouge tranché finement (environ ½ tête)
- 2 pommes Granny Smith, pelées, épépinées et coupées en dés
- ¾ tasse de jus d'orange frais
- 3 cuillères à soupe de vinaigre de cidre
- ½ cuillère à café de graines de carvi
- ½ cuillère à café de graines de céleri
- ½ cuillère à café de poivre noir

PORC

- 4 côtelettes de longe de porc désossées, coupées à ½ pouce d'épaisseur
- 2 tasses de farine d'amande
- 1 cuillère à soupe de zeste de citron séché
- 2 cuillères à café de poivre noir

¾ cuillère à café de piment de la Jamaïque

1 œuf large

¼ tasse de lait d'amande

3 cuillères à soupe d'huile d'olive

Tranches de citrons

1. Pour le chou aigre-doux, dans une cocotte de 6 litres, faites chauffer l'huile d'olive à feu moyen-doux. Ajouter l'oignon; cuire de 6 à 8 minutes ou jusqu'à ce qu'ils soient tendres et légèrement dorés. Ajouter le chou; cuire et remuer pendant 6 à 8 minutes ou jusqu'à ce que le chou soit tendre et croustillant. Ajoutez les pommes, le jus d'orange, le vinaigre, les graines de cumin, les graines de céleri et ½ cuillère à café de poivre. Porter à ébullition; réduire le feu à doux. Couvrir et cuire 30 minutes en remuant de temps en temps. Découvrir et cuire jusqu'à ce que le liquide réduise un peu.

2. Pendant ce temps, pour le porc, placer les côtelettes entre deux feuilles de pellicule plastique ou de papier sulfurisé. À l'aide du côté plat d'un maillet à viande ou d'un rouleau à pâtisserie, piler jusqu'à environ ¼ de pouce d'épaisseur; laissé de côté.

3. Dans un plat peu profond, mélanger la farine d'amande, le zeste de citron séché, 2 cuillères à café de poivre et le piment de la Jamaïque. Dans une autre assiette creuse, mélangez l'œuf et le lait d'amande. Enduisez légèrement les côtelettes de porc de farine assaisonnée, en secouant tout excès. Tremper dans le mélange d'œufs, puis de nouveau dans la farine assaisonnée, en secouant l'excédent. Répétez avec les côtelettes restantes.

4. Dans une grande poêle, faites chauffer l'huile d'olive à feu moyen-vif. Ajoutez 2 côtelettes dans la poêle. Cuire de 6 à 8 minutes ou jusqu'à ce que les côtelettes soient dorées et bien cuites, en les retournant une fois. Transférer les côtelettes dans un plat chaud. Répétez avec les 2 côtelettes restantes.

5. Servir les côtelettes avec des quartiers de chou et de citron.

DINDE ROTIE AVEC PUREE DE RACINES D'AIL

PREPARATION:1 heure de rôtissage : 2 heures et 45 minutes Repos : 15 minutes Donne : 12 à 14 portions

RECHERCHEZ UNE DINDE QUI AIL N'A PAS ETE INJECTE AVEC UNE SOLUTION SALINE. SI L'ETIQUETTE INDIQUE « AMELIORE » OU « AUTO-ALIGNE », ELLE EST PROBABLEMENT PLEINE DE SODIUM ET D'AUTRES ADDITIFS.

- 1 dinde de 12 à 14 livres
- 2 cuillères à soupe d'assaisonnement méditerranéen (voir revenu)
- ¼ tasse d'huile d'olive
- 3 livres de carottes moyennes, pelées, parées et coupées en deux ou en quartiers dans le sens de la longueur
- 1 recette de purée de racines d'ail (voir revenu, ci-dessous)

1. Préchauffer le four à 425°F. Retirer le cou et les abats de la dinde ; réserver pour un autre usage, si vous le souhaitez. Détachez délicatement la peau du bord de la poitrine. Passez vos doigts sous la peau pour créer une poche sur la poitrine et sur les cuisses. Verser 1 cuillère à soupe d'assaisonnement méditerranéen sous la peau; utilisez

vos doigts pour l'étaler uniformément sur votre poitrine et vos cuisses. Tirez la peau du cou vers l'arrière ; fixer avec un cure-dent. Repliez les extrémités des pilons sous la bande de peau de la queue. S'il n'y a pas de bande de peau, attachez solidement les cuisses à la queue avec de la ficelle de cuisine 100 % coton. Tournez les extrémités des ailes sous le dos.

2. Placer la dinde, poitrine vers le haut, sur une grille dans une très grande rôtissoire peu profonde. Badigeonner la dinde de 2 cuillères à soupe d'huile. Saupoudrer la dinde du reste de l'assaisonnement méditerranéen. Insérez un thermomètre à viande au four au centre d'un muscle intérieur de la cuisse ; le thermomètre ne doit pas toucher l'os. Couvrir légèrement la dinde de papier d'aluminium.

3. Cuire au four pendant 30 minutes. Réduire la température du four à 325 ° F. Cuire au four pendant 1 1/2 heure. Dans un très grand bol, mélanger les carottes et les 2 cuillères à soupe d'huile restantes; mélanger pour enrober. Étalez les carottes sur une grande plaque à pâtisserie. Retirez le papier d'aluminium de la dinde et coupez la bande de peau ou la ficelle entre les cuisses. Rôtir les carottes et la dinde pendant 45 minutes à 1 ¼ heure de plus ou jusqu'à ce que le thermomètre indique 175 °F.

4. Retirez la dinde du four. Couvrir; laisser reposer 15 à 20 minutes avant de découper. Servir la dinde avec les carottes et les racines écrasées à l'ail.

Racines d'ail hachées : Coupez et épluchez 3 à 3½ livres de rutabagas et 1½ à 2 livres de céleri-rave ; couper en morceaux de 2 pouces. Dans une casserole de 6 litres, cuire les rutabagas et le céleri-rave dans suffisamment d'eau bouillante pour couvrir pendant 25 à 30 minutes ou jusqu'à ce qu'ils soient très tendres. Pendant ce temps, dans une petite casserole, mélangez 3 cuillères à soupe d'huile d'olive extra vierge et 6 à 8 gousses d'ail émincées. Cuire à feu doux pendant 5 à 10 minutes ou jusqu'à ce que l'ail soit très parfumé mais pas doré. Ajoutez délicatement ¾ tasse de bouillon d'os de poulet (voir <u>revenu</u>) ou un bouillon de poulet non salé. Porter à ébullition; retirer du feu. Égoutter les légumes et remettre dans la poêle. Écrasez les légumes avec un presse-purée ou battez-les au batteur à basse vitesse. Ajoutez ½ cuillère à café de poivre noir. Écrasez ou fouettez progressivement dans le mélange de bouillon jusqu'à ce que les légumes soient combinés et presque lisses. Si nécessaire, ajoutez encore ¼ tasse de bouillon d'os de poulet pour obtenir la consistance désirée.

POITRINE DE DINDE FARCIE AU PESTO ET SALADE DE ROQUETTE

PREPARATION : 30 minutes Rôtissage : 1 heure et 30 minutes Repos : 20 minutes Pour : 6 portions

C'EST POUR LES AMATEURS DE VIANDE BLANCHEA L'EXTERIEUR - UNE POITRINE DE DINDE CROUSTILLANTE FARCIE DE TOMATES SECHEES AU SOLEIL, DE BASILIC ET D'EPICES MEDITERRANEENNES. LES RESTES CONSTITUENT UN EXCELLENT DEJEUNER.

- 1 tasse de tomates séchées au soleil sans soufre (non emballées dans l'huile)
- 1 poitrine de dinde désossée de 4 livres avec la peau
- 3 cuillères à café d'assaisonnement méditerranéen (voir revenu)
- 1 tasse de feuilles de basilic frais, légèrement tassées
- 1 cuillère d'huile d'olive
- 8 onces de bébé roquette
- 3 grosses tomates, coupées en deux et tranchées
- ¼ tasse d'huile d'olive
- 2 cuillères à soupe de vinaigre de vin rouge
- poivre noir
- 1½ tasse de pesto de basilic (voir revenu)

1. Préchauffer le four à 375°F. Dans un petit bol, versez suffisamment d'eau bouillante sur les tomates séchées au soleil pour les couvrir. Laissez reposer 5 minutes ; égoutter et hacher finement.

2. Placer la poitrine de dinde, côté peau vers le bas, sur une grande feuille de pellicule plastique. Placez une autre feuille de pellicule plastique sur la dinde. À l'aide du côté plat d'un maillet à viande, pilez doucement la poitrine jusqu'à ce qu'elle ait une épaisseur uniforme, d'environ ¾

de pouce d'épaisseur. Jetez le film plastique. Saupoudrer 1½ cuillère à café d'assaisonnement méditerranéen sur la viande. Couvrir de tomates et de feuilles de basilic. Roulez délicatement la poitrine de dinde en gardant la peau à l'extérieur. À l'aide de ficelle de cuisine 100 % coton, attachez le rôti à quatre à six endroits pour le sécuriser. Badigeonner d'1 cuillère à soupe d'huile d'olive. Saupoudrer le rôti avec 1½ cuillère à café d'assaisonnement méditerranéen restant.

3. Placez le rôti sur une grille placée dans une rôtissoire peu profonde, côté peau vers le haut. Cuire au four, à découvert, pendant 1 1/2 heure ou jusqu'à ce qu'un thermomètre à lecture instantanée inséré près du centre enregistre 165 °F et que la peau soit dorée et croustillante. Retirez la dinde du four. Couvrir légèrement de papier d'aluminium; laisser reposer 20 minutes avant de couper.

4. Pour la salade de roquette, dans un grand bol, mélanger la roquette, les tomates, ¼ tasse d'huile d'olive, le vinaigre et le poivre au goût. Retirez les ficelles du rôti. Trancher finement la dinde. Servir avec une salade de roquette et du pesto de basilic.

POITRINE DE DINDE ASSAISONNEE DE SAUCE BARBECUE AUX CERISES

PREPARATION:15 minutes de rôtissage : 1 heure 15 minutes de repos : 45 minutes
donne : 6 à 8 portions

C'EST UNE BELLE RECETTE POURSERVEZ UNE FOULE LORS D'UN BARBECUE DANS LA COUR LORSQUE VOUS VOULEZ FAIRE AUTRE CHOSE QUE DES HAMBURGERS. SERVIR AVEC UNE SALADE CROQUANTE, COMME UNE SALADE DE BROCOLIS CROUSTILLANTS (VOIRREVENU) OU UNE SALADE DE CHOUX DE BRUXELLES EMINCES (VOIRREVENU).

- 1 poitrine de dinde entière avec os de 4 à 5 livres
- 3 cuillères à soupe d'assaisonnement fumé (voirrevenu)
- 2 cuillères à soupe de jus de citron frais
- 3 cuillères à soupe d'huile d'olive
- 1 tasse de vin blanc sec, comme le Sauvignon Blanc
- 1 tasse de cerises Bing fraîches ou surgelées, non sucrées, dénoyautées et hachées
- ⅓ tasse d'eau
- 1 tasse de sauce barbecue (voirrevenu)

1. Laissez la poitrine de dinde à température ambiante pendant 30 minutes. Préchauffer le four à 325°F. Placer la poitrine de dinde, peau vers le haut, dans une rôtissoire.

2. Dans un petit bol, mélangez l'assaisonnement fumé, le jus de citron et l'huile d'olive pour obtenir une pâte. Retirez la peau de la viande; Étalez délicatement la moitié de la pâte sur la viande, sous la peau. Étalez uniformément le reste de la pâte sur la peau. Versez le vin au fond de la casserole.

3. Rôtir pendant 1¼ à 1½ heures ou jusqu'à ce que la peau soit dorée et qu'un thermomètre à lecture instantanée inséré au centre du rôti (sans toucher l'os) enregistre 170°F, en retournant la poêle à mi-cuisson. Laisser reposer 15 à 30 minutes avant de découper.

4. Pendant ce temps, pour la sauce barbecue aux cerises, dans une casserole moyenne, mélanger les cerises et l'eau. Porter à ébullition; baisser la température. Cuire à découvert pendant 5 minutes. Mélangez la sauce barbecue; faire bouillir pendant 5 minutes. Servir tiède ou à température ambiante avec la dinde.

LONGE DE DINDE BRAISEE AU VIN

PREPARATION:30 minutes de cuisson : 35 minutes donnent : 4 portions

CUISSON DE LA DINDE GRILLEEUNE COMBINAISON DE VIN, DE TOMATES ROMA HACHEES, DE BOUILLON DE POULET, D'HERBES FRAICHES ET DE POIVRON ROUGE BROYE LUI CONFERE UNE GRANDE SAVEUR. SERVEZ CE PLAT DE RAGOUT DANS DES BOLS PEU PROFONDS ET AVEC DE GRANDES CUILLERES POUR OBTENIR UN PEU DE BOUILLON SAVOUREUX A CHAQUE BOUCHEE.

2 filets de dinde de 8 à 12 onces, coupés en morceaux de 1 pouce

2 cuillères à soupe d'assaisonnement pour volaille sans sel

2 cuillères à soupe d'huile d'olive

6 gousses d'ail émincées (1 cuillère à soupe)

1 tasse d'oignon haché

½ tasse de céleri haché

6 tomates Roma, épépinées et hachées (environ 3 tasses)

½ tasse de vin blanc sec, comme le Sauvignon Blanc

½ tasse de bouillon d'os de poulet (voir revenu) ou bouillon de poulet non salé

½ cuillère à café de romarin frais haché

¼ à ½ cuillère à café de poivron rouge broyé

½ tasse de feuilles de basilic frais, hachées

½ tasse de persil frais haché

1. Dans un grand bol, mélanger les morceaux de dinde avec l'assaisonnement pour volaille pour bien les enrober. Dans une très grande poêle antiadhésive, faites chauffer 1 cuillère à soupe d'huile d'olive à feu moyen. Cuire la dinde par lots dans l'huile chaude jusqu'à ce qu'elle soit dorée de tous les côtés. (La dinde n'a pas besoin d'être cuite.) Transférer dans une assiette et réserver au chaud.

2. Ajoutez 1 cuillère à soupe d'huile d'olive restante dans la poêle. Augmenter le feu à moyen-vif. Ajouter l'ail; cuire et remuer pendant 1 minute. Ajouter l'oignon et le céleri; cuire et remuer pendant 5 minutes. Ajoutez la dinde et le jus du plat, les tomates, le vin, le bouillon d'os de poulet, le romarin et le poivron rouge broyé. Réduire le feu à moyen-doux. Couvrir et cuire 20 minutes en remuant de temps en temps. Ajoutez le basilic et le persil. Découvrir et cuire encore 5 minutes ou jusqu'à ce que la dinde ne soit plus rose.

POITRINE DE DINDE SAUTEE AVEC SAUCE AUX SCAMPIS A LA CIBOULETTE

PREPARATION:30 minutes de cuisson : 15 minutes donnent : 4 portions<u>PHOTOGRAPHIER</u>

COUPER LES LONGES DE DINDE EN DEUXHORIZONTALEMENT AUSSI UNIFORMEMENT QUE POSSIBLE, APPUYEZ LEGEREMENT SUR CHACUN AVEC LA PAUME DE VOTRE MAIN, EN APPLIQUANT UNE PRESSION CONSTANTE, TOUT EN COUPANT LA VIANDE.

- ¼ tasse d'huile d'olive
- 2 filets de poitrine de dinde de 8 à 12 onces, coupés en deux horizontalement
- ¼ cuillère à café de poivre noir fraîchement moulu
- 3 cuillères à soupe d'huile d'olive
- 4 gousses d'ail, hachées
- 8 onces de crevettes moyennes pelées et nettoyées, queues enlevées et coupées en deux dans le sens de la longueur
- ¼ tasse de vin blanc sec, bouillon d'os de poulet (voir<u>revenu</u>), ou un bouillon de poulet non salé
- 2 cuillères à soupe de ciboulette fraîche hachée
- ½ cuillère à café de zeste de citron finement râpé
- 1 cuillère à soupe de jus de citron frais
- Pâtes à la citrouille et aux tomates (voir<u>revenu</u>, ci-dessous) (facultatif)

1. Dans une très grande poêle, faites chauffer 1 cuillère à soupe d'huile d'olive à feu moyen-vif. Ajouter la dinde à la poêle; saupoudrer de poivre. Réduire le feu à moyen. Cuire 12 à 15 minutes ou jusqu'à ce qu'ils ne soient plus roses et que le jus soit clair (165 °F), en les retournant une fois à mi-cuisson. Retirez les steaks de dinde de la poêle. Couvrir de papier d'aluminium pour garder au chaud.

2. Pour la sauce, dans la même poêle, faites chauffer les 3 cuillères à soupe d'huile d'olive à feu moyen. Ajouter l'ail; cuire 30 secondes. Mélangez les crevettes; cuire et remuer pendant 1 minute. Ajouter le vin, la ciboulette et le zeste de citron ; cuire et remuer pendant 1 minute de plus ou jusqu'à ce que les crevettes soient opaques. Retirer du feu; incorporer le jus de citron. Pour servir, verser la sauce sur les steaks de dinde. Si désiré, servir avec des pâtes à la citrouille et aux tomates.

Pâtes à la courge et aux tomates : À l'aide d'une mandoline ou d'un éplucheur à julienne, coupez 2 courgettes jaunes en julienne. Dans une grande poêle, faites chauffer 1 cuillère à soupe d'huile d'olive extra vierge à feu moyen-vif. Ajouter les lanières de citrouille; cuire 2 minutes. Ajouter 1 tasse de tomates raisins en quartiers et ¼ cuillère à café de poivre noir fraîchement moulu ; cuire encore 2 minutes ou jusqu'à ce que la citrouille soit croustillante.

CUISSES DE DINDE ROTIES AUX LEGUMES-RACINES

PREPARATION:30 minutes de cuisson : 1 heure 45 minutes donne : 4 portions

C'EST UN DE CES PLATSVOUS VOULEZ LE PREPARER PAR UN FRAIS APRES-MIDI D'AUTOMNE LORSQUE VOUS AVEZ LE TEMPS DE VOUS PROMENER PENDANT QU'IL MIJOTE AU FOUR. SI L'EXERCICE NE VOUS OUVRE PAS L'APPETIT, L'AROME MERVEILLEUX LORSQUE VOUS FRANCHISSEZ LA PORTE LE FERA CERTAINEMENT.

3 cuillères à soupe d'huile d'olive

4 cuisses de dinde de 20 à 24 onces

½ cuillère à café de poivre noir fraîchement moulu

6 gousses d'ail, pelées et écrasées

1 ½ cuillères à café de graines de fenouil, meurtries

1 cuillère à café de piment de la Jamaïque entier, meurtri*

1 ½ tasse de bouillon d'os de poulet (voir revenu) ou bouillon de poulet non salé

2 brins de romarin frais

2 brins de thym frais

1 feuille de laurier

2 gros oignons, pelés et coupés en 8 quartiers chacun

6 grosses carottes, pelées et coupées en tranches de 1 pouce

2 gros navets, pelés et coupés en cubes de 1 pouce

2 navets moyens, pelés et coupés en tranches de 1 pouce**

1 céleri-rave, pelé et coupé en morceaux de 1 pouce

1. Préchauffer le four à 350°F. Dans une grande poêle, chauffer l'huile d'olive à feu moyen-vif jusqu'à ce qu'elle soit dorée. Ajoutez 2 cuisses de dinde. Cuire environ 8 minutes ou jusqu'à ce que les cuisses soient dorées et croustillantes de tous les côtés, et brunissent uniformément. Transférer

les cuisses de dinde dans une assiette; répéter avec les 2 cuisses de dinde restantes. Je l'ai laissé de côté.

2. Ajoutez le poivre, l'ail, les graines de fenouil et les graines de piment de la Jamaïque dans la poêle. Cuire et remuer à feu moyen pendant 1 à 2 minutes ou jusqu'à ce qu'il soit parfumé. Ajouter le bouillon d'os de poulet, le romarin, le thym et le laurier. Porter à ébullition en remuant pour gratter les morceaux dorés du fond de la casserole. Retirez la poêle du feu et réservez.

3. Dans une cocotte extra-large avec un couvercle hermétique, mélanger les oignons, les carottes, les panais, les panais et le céleri-rave. Ajouter le liquide de la poêle; mélanger pour enrober. Pressez les cuisses de dinde dans le mélange de légumes. Couvrir avec un couvercle.

4. Rôtir pendant environ 1 heure et 45 minutes ou jusqu'à ce que les légumes soient tendres et que la dinde soit bien cuite. Servir les cuisses de dinde et les légumes dans de grands bols peu profonds. Verser le jus de cuisson sur le dessus.

*Astuce : Pour écraser les graines de piment de la Jamaïque et de fenouil, placez les graines sur une planche à découper. À l'aide du côté plat d'un couteau de chef, appuyez pour écraser légèrement les graines.

**Conseil : recouvrez les gros morceaux du dessus des panais.

PAIN DE VIANDE DE DINDE AUX HERBES AVEC KETCHUP A L'OIGNON CARAMELISE ET QUARTIERS DE CHOU ROTI

PREPARATION:15 minutes de cuisson : 30 minutes de cuisson : 1 heure 10 minutes de repos : 5 minutes donne : 4 portions

LE PAIN DE VIANDE CLASSIQUE GARNI DE KETCHUP EST DEFINITIVEMENTAU MENU PALEO QUAND LE KETCHUP (VOIRREVENU) EST SANS SEL NI SUCRES AJOUTES. ICI, LE KETCHUP EST MELANGE AUX OIGNONS CARAMELISES, QUI SONT EMPILES SUR LE PAIN DE VIANDE AVANT LA CUISSON.

- 1½ livre de dinde hachée
- 2 œufs légèrement battus
- ½ tasse de farine d'amande
- ⅓ tasse de persil frais haché
- ¼ tasse de ciboulette finement tranchée (2)
- 1 cuillère à soupe de sauge fraîche hachée ou 1 cuillère à café de sauge séchée écrasée
- 1 cuillère à soupe de thym frais haché ou 1 cuillère à café de thym séché, écrasé
- ¼ cuillère à café de poivre noir
- 2 cuillères à soupe d'huile d'olive
- 2 oignons doux, coupés en deux et tranchés finement
- 1 tasse de Paleo Ketchup (voirrevenu)
- 1 petit chou pommé, coupé en deux, épépiné et coupé en 8 quartiers
- ½ à 1 cuillère à café de poivron rouge broyé

1. Préchauffer le four à 350°F. Tapisser une grande plaque à pâtisserie de papier sulfurisé; laissé de côté. Dans un grand bol, fouetter ensemble la dinde hachée, les œufs, la farine d'amande, le persil, la ciboulette, la sauge, le thym

et le poivre noir. Sur la plaque à pâtisserie préparée, façonner le mélange de dinde en un pain de 8 × 4 pouces. Cuire au four pendant 30 minutes.

2. Pendant ce temps, pour le ketchup aux oignons caramélisés, dans une grande poêle, faites chauffer 1 cuillère à soupe d'huile d'olive à feu moyen. Ajouter les oignons; cuire environ 5 minutes ou jusqu'à ce que les oignons commencent à dorer, en remuant fréquemment. Réduire le feu à moyen-doux; cuire environ 25 minutes ou jusqu'à ce qu'ils soient dorés et très tendres, en remuant de temps en temps. Retirer du feu; mélanger avec le Paleo Ketchup.

3. Placez un peu de ketchup à l'oignon caramélisé sur le pain à la dinde. Disposez les tranches de chou autour du pain. Arroser le chou avec 1 cuillère à soupe d'huile d'olive restante; saupoudrer de poivron rouge broyé. Cuire au four environ 40 minutes ou jusqu'à ce qu'un thermomètre à lecture instantanée inséré au centre du pain enregistre 165 °F, garnir de ketchup à l'oignon caramélisé supplémentaire et retourner les tranches de chou après 20 minutes. Laissez le pain de dinde reposer 5 à 10 minutes avant de le trancher.

4. Servir le pain à la dinde avec les quartiers de chou et le reste du ketchup à l'oignon caramélisé.

POUSOLE DE DINDE

PREPARATION:20 minutes Grill : 8 minutes Cuisson : 16 minutes donne : 4 portions

LES GARNITURES DE CETTE SOUPE CHAUDE A LA MEXICAINEILS SONT BIEN PLUS QUE DES DECORATIONS. LA CORIANDRE AJOUTE UNE SAVEUR DISTINCTE, L'AVOCAT APPORTE DU CREMEUX ET LES PEPITES GRILLEES APPORTENT UN DELICIEUX CROQUANT.

8 tomatilles fraîches

1¼ à 1½ livre de dinde hachée

1 poivron rouge épépiné et coupé en fines lanières

½ tasse d'oignon haché (1 moyen)

6 gousses d'ail émincées (1 cuillère à soupe)

1 cuillère à soupe d'assaisonnement mexicain (voir revenu)

2 tasses de bouillon d'os de poulet (voir revenu) ou bouillon de poulet non salé

1 boîte de 14,5 onces de tomates rôties sur le feu, sans sel ajouté, non égouttées

1 piment jalapeño ou serrano, épépiné et haché (voir conseil)

1 avocat moyen, coupé en deux, pelé, épépiné et tranché finement

¼ tasse de pepitas non salées, grillées (voir conseil)

¼ tasse de coriandre fraîche hachée

Tranches de citrons

1. Préchauffez le gril. Retirez la peau des tomatilles et jetez-les. Lavez les tomatilles et coupez-les en deux. Placez les moitiés de tomatilles sur la grille non chauffée d'une plaque à pâtisserie. Griller à 4 à 5 pouces du feu pendant 8 à 10 minutes ou jusqu'à ce qu'ils soient légèrement carbonisés, en les retournant une fois à mi-cuisson. Laisser refroidir légèrement dans le moule sur une grille.

2. Entre-temps, dans une grande poêle, cuire la dinde, les poivrons et l'oignon à feu moyen-vif pendant 5 à 10

minutes ou jusqu'à ce que la dinde soit dorée et les légumes tendres, en remuant avec une cuillère en bois pour briser la viande. cuisson. Égoutter la graisse si nécessaire. Ajouter l'ail et l'assaisonnement mexicain. Cuire et remuer encore 1 minute.

3. Dans un mélangeur, mélanger environ les deux tiers des tomatilles carbonisées et 1 tasse de bouillon d'os de poulet. Couvrir et mélanger jusqu'à consistance lisse. Ajouter au mélange de dinde dans la poêle. Ajoutez 1 tasse de bouillon d'os de poulet restant, les tomates non égouttées et le poivre. Hacher grossièrement les tomatilles restantes; ajouter au mélange de dinde. Porter à ébullition; baisser la température. Couvrir et cuire 10 minutes.

4. Pour servir, versez la soupe dans des bols peu profonds. Garnir d'avocat, de pepitas et de coriandre. Pressez les tranches de citron sur la soupe.

BOUILLON D'OS DE POULET

PREPARATION:15 minutes de rôtissage : 30 minutes de cuisson : 4 heures de réfrigération : toute la nuit Donne : environ 10 tasses

POUR LA PLUS FRAICHE ET LA MEILLEURE SAVEUR - ET LA PLUS HAUTETENEUR EN NUTRIMENTS – UTILISEZ DU BOUILLON DE POULET FAIT MAISON DANS VOS RECETTES. (IL NE CONTIENT PAS NON PLUS DE SEL, DE CONSERVATEURS OU D'ADDITIFS.) ROTIR LES OS AVANT DE LES FAIRE BOUILLIR REHAUSSE LA SAVEUR. EN CUISANT LENTEMENT DANS LE LIQUIDE, LES OS IMPREGNENT LE BOUILLON DE MINERAUX COMME LE CALCIUM, LE PHOSPHORE, LE MAGNESIUM ET LE POTASSIUM. LA VARIANTE A LA MIJOTEUSE CI-DESSOUS LA REND PARTICULIEREMENT FACILE A PREPARER. CONGELEZ DANS DES CONTENANTS DE 2 ET 4 TASSES ET DECONGELEZ UNIQUEMENT CE DONT VOUS AVEZ BESOIN.

- 2 kilos d'ailes et de dos de poulet
- 4 carottes, hachées
- 2 gros poireaux, juste les parties blanches et vert clair, tranchés finement
- 2 branches de céleri avec les feuilles, hachées grossièrement
- 1 manioc, haché grossièrement
- 6 grosses branches de persil italien (feuille plate)
- 6 brins de thym frais
- 4 gousses d'ail, coupées en deux
- 2 cuillères à café de poivre noir entier
- 2 clous de girofle entiers
- Eau froide

1. Préchauffer le four à 425°F. Disposer les ailes et le dos de poulet sur une grande plaque à pâtisserie; cuire au four pendant 30 à 35 minutes ou jusqu'à ce qu'ils soient bien dorés.

2. Transférez les morceaux de poulet dorés et tous les morceaux dorés accumulés sur la plaque à pâtisserie dans une grande poêle. Ajouter les carottes, les poireaux, le céleri, les panais, le persil, le thym, l'ail, le poivre et les clous de girofle. Ajoutez suffisamment d'eau froide (environ 12 tasses) dans une grande casserole pour couvrir le poulet et les légumes. Porter à ébullition à feu moyen; ajustez le feu pour maintenir le bouillon à feu doux, avec des bulles remontant à la surface. Couvrir et cuire 4 heures.

3. Passer le bouillon chaud à travers un grand tamis recouvert de deux couches d'étamine 100 % coton humide. Jetez les solides. Couvrir le bouillon et laisser refroidir toute la nuit. Avant utilisation, retirez la couche de graisse du dessus du bouillon et jetez-la.

Astuce : Pour alléger le bouillon (facultatif), dans un petit bol mélangez 1 blanc d'œuf, 1 coquille d'œuf écrasée et ¼ tasse d'eau froide. Incorporer le mélange au bouillon filtré dans la poêle. Remettre à ébullition. Retirer du feu; laisser reposer 5 minutes. Passer le bouillon chaud à travers un tamis recouvert d'une double couche fraîche d'étamine 100 % coton. Laisser refroidir et dégraisser avant utilisation.

Instructions pour la mijoteuse : Préparez comme indiqué, sauf à l'étape 2, placez les ingrédients dans une mijoteuse de 5 à 6 litres. Couvrir et cuire à feu doux pendant 12 à 14 heures. Continuez comme indiqué à l'étape 3. Donne environ 10 tasses.

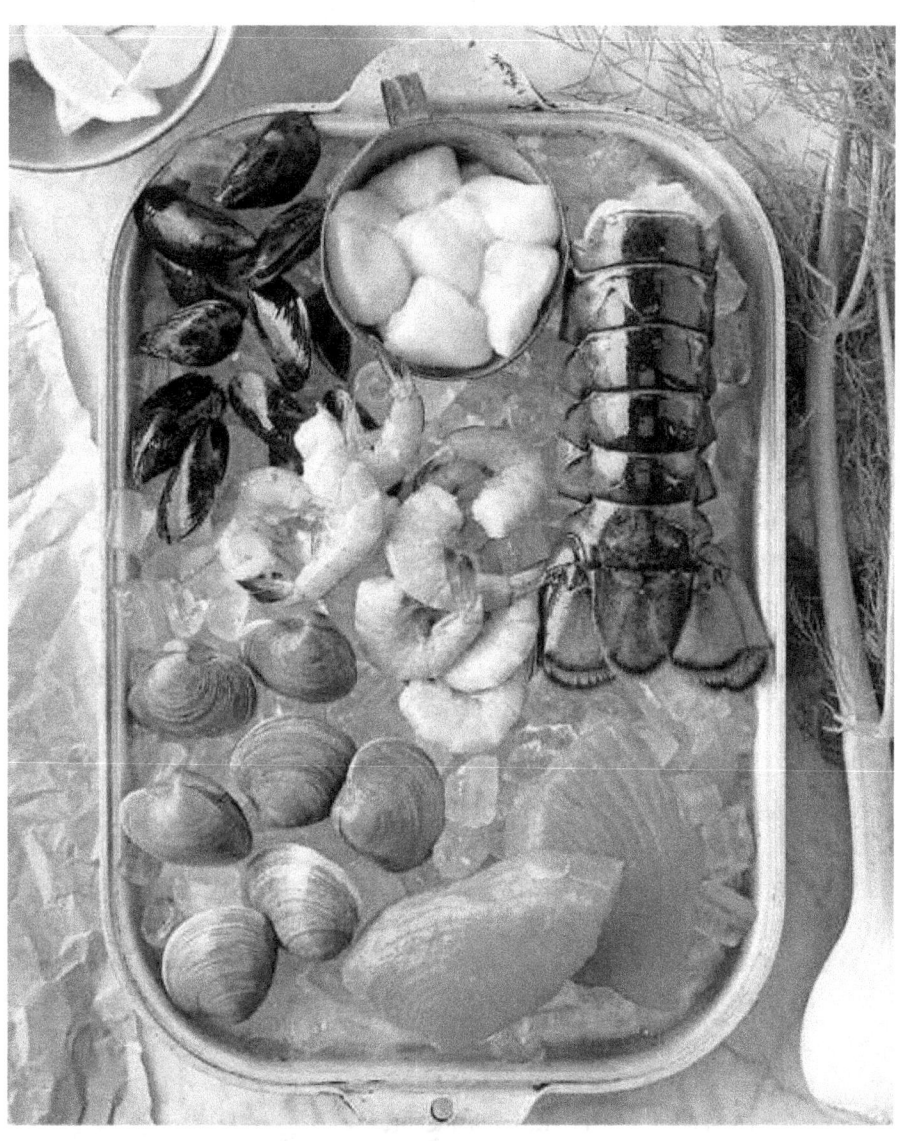

SAUMON VERT HARISSA

PREPARATION: 25 minutes Cuisson : 10 minutes Grill : 8 minutes Pour : 4 portions PHOTOGRAPHIER

UN EPLUCHEUR DE LEGUMES STANDARD EST UTILISECOUPEZ LES ASPERGES FRAICHES CRUES EN FINES LANIERES POUR LA SALADE. LE TOUT ARROSE D'UNE VINAIGRETTE AUX AGRUMES ECLATANTE (VOIRREVENU) ET GARNI DE GRAINES DE TOURNESOL GRILLEES FUMEES, C'EST UN ACCOMPAGNEMENT RAFRAICHISSANT A LA SAUCE AU SAUMON ET AUX HERBES VERTES PIQUANTES.

SAUMON
- 4 filets de saumon sans peau frais ou surgelés de 6 à 8 onces, d'environ 1 pouce d'épaisseur
- Huile

HARISSA
- 1½ cuillères à café de graines de cumin
- 1½ cuillères à café de graines de coriandre
- 1 tasse de feuilles de persil frais bien tassées
- 1 tasse de coriandre fraîche hachée grossièrement (feuilles et tiges)
- 2 piments jalapeños, épépinés et hachés grossièrement (voirconseil)
- 1 ciboulette, coupée en morceaux
- 2 gousses d'ail
- 1 cuillère à café de zeste de citron finement râpé
- 2 cuillères à soupe de jus de citron frais
- ⅓ tasse d'huile d'olive

GRAINES DE TOURNESOL ASSAISONNEES
- ⅓ tasse de graines de tournesol crues
- 1 cuillère à café d'huile d'olive
- 1 cuillère à café d'assaisonnement fumé (voirrevenu)

SALADE

12 grosses asperges, parées (environ 1 livre)

⅓ tasse de vinaigrette aux agrumes brillante (voir revenu)

1. Décongelez le poisson s'il est congelé ; Sécher avec du papier absorbant. Badigeonner légèrement les deux côtés du poisson d'huile d'olive. Je l'ai laissé de côté.

2. Pour la harissa, dans une petite poêle, faire griller les graines de cumin et de coriandre à feu moyen-doux pendant 3 à 4 minutes ou jusqu'à ce qu'elles soient légèrement grillées et parfumées. Dans un robot culinaire, mélanger les graines de cumin et de coriandre grillées, le persil, la coriandre, les jalapeños, les oignons verts, l'ail, le zeste de citron vert, le jus de citron vert et l'huile d'olive. Mélanger jusqu'à consistance lisse. Je l'ai laissé de côté.

3. Pour les graines de tournesol assaisonnées, préchauffer le four à 300°F. Tapisser une plaque à pâtisserie de papier sulfurisé; laissé de côté. Dans un petit bol, mélanger les graines de tournesol et 1 cuillère à café d'huile d'olive. Saupoudrer l'assaisonnement fumé sur les graines ; remuer pour enrober. Répartissez uniformément les graines de tournesol sur le papier sulfurisé. Cuire au four environ 10 minutes ou jusqu'à ce qu'ils soient légèrement grillés.

4. Pour un gril au charbon de bois ou au gaz, placez le saumon sur une grille graissée directement à feu moyen. Couvrir et griller pendant 8 à 12 minutes ou jusqu'à ce que le poisson commence à se désagréger lorsqu'on le teste avec une fourchette, en le retournant une fois à mi-cuisson.

5. Pendant ce temps, pour la salade, à l'aide d'un épluche-légumes, coupez les asperges en longues et fines lanières. Transférer dans un plat moyen ou un bol. (Les extrémités se desserreront à mesure que les pointes s'amincissent ; ajoutez-les à l'assiette ou au bol.) Versez la vinaigrette aux agrumes brillante sur les pointes rasées. Saupoudrer de graines de tournesol assaisonnées.

6. Pour servir, déposer un filet sur chacune des quatre assiettes; Versez un peu de harissa verte sur chaque filet. Servir avec une salade d'asperges rasées.

SAUMON GRILLE ET SALADE DE CŒURS D'ARTICHAUTS MARINES

PREPARATION:20 minutes de grill : 12 minutes donne : 4 portions

SOUVENT LES MEILLEURS OUTILS POUR PREPARER UNE SALADECE SONT TES MAINS. IL EST PREFERABLE D'INCORPORER UNIFORMEMENT LES LAITUES TENDRES ET LES ARTICHAUTS GRILLES DANS CETTE SALADE AVEC DES MAINS PROPRES.

4 filets de saumon frais ou surgelés de 6 onces

1 paquet de 9 onces de cœurs d'artichauts surgelés, décongelés et égouttés

5 cuillères à soupe d'huile d'olive

2 cuillères à soupe d'échalotes hachées

1 cuillère à soupe de zeste de citron finement râpé

¼ tasse de jus de citron frais

3 cuillères à soupe d'origan frais haché

½ cuillère à café de poivre noir fraîchement moulu

1 cuillère à soupe d'assaisonnement méditerranéen (voir revenu)

1 paquet de 5 onces de jeunes laitues mélangées

1. Décongelez le poisson s'il est congelé. Lavez le poisson; Sécher avec du papier absorbant. Mettez le poisson de côté.

2. Dans un bol moyen, mélangez les cœurs d'artichauts avec 2 cuillères à soupe d'huile d'olive ; laissé de côté. Dans un grand bol, mélanger 2 cuillères à soupe d'huile d'olive, les échalotes, le zeste de citron, le jus de citron et l'origan ; laissé de côté.

3. Pour un gril au charbon de bois ou au gaz, placez les cœurs d'artichauts dans un panier à grillades et faites-les griller

directement à feu moyen-vif. Couvrir et griller pendant 6 à 8 minutes ou jusqu'à ce qu'ils soient bien carbonisés et bien chauds, en remuant fréquemment. Retirez les artichauts du gril. Laisser refroidir 5 minutes et ajouter les artichauts au mélange d'échalotes. Assaisonner de poivre; mélanger pour enrober. Je l'ai laissé de côté.

4. Badigeonnez le saumon avec la cuillère à soupe d'huile d'olive restante; saupoudrer d'assaisonnement méditerranéen. Placer le saumon sur le gril, côté assaisonné vers le bas, directement à feu moyen-vif. Couvrir et griller pendant 6 à 8 minutes ou jusqu'à ce que le poisson commence à se désagréger lorsqu'on le teste avec une fourchette, en le retournant soigneusement une fois à mi-cuisson.

5. Ajoutez les laitues dans le bol avec les artichauts marinés ; mélanger doucement pour enrober. Servir la salade avec du saumon grillé.

SAUMON CHILI A LA SAUGE ROTI FLASH AVEC SAUCE TOMATE VERTE

PREPARATION:35 minutes réfrigérer : 2 à 4 heures rôtir : 10 minutes Donne : 4 portions

LE « FLASH-ROTISSAGE » FAIT REFERENCE A LA TECHNIQUEFAITES CHAUFFER UNE POELE SECHE AU FOUR A HAUTE TEMPERATURE, AJOUTEZ UN PEU D'HUILE ET LE POISSON, LE POULET OU LA VIANDE (ÇA GRESILLE !), ET TERMINEZ LE PLAT AU FOUR. LE ROTISSAGE RAPIDE REDUIT LE TEMPS DE CUISSON ET CREE UN EXTERIEUR DELICIEUSEMENT CROUSTILLANT ET UN INTERIEUR JUTEUX ET SAVOUREUX.

SAUMON

- 4 filets de saumon frais ou surgelés de 5 à 6 onces
- 3 cuillères à soupe d'huile d'olive
- ¼ tasse d'oignon finement haché
- 2 gousses d'ail, pelées et tranchées
- 1 cuillère à soupe de coriandre moulue
- 1 cuillère à café de cumin moulu
- 2 cuillères à café de paprika doux
- 1 cuillère à café d'origan séché, écrasé
- ¼ cuillère à café de poivre de Cayenne
- ⅓ tasse de jus de citron frais
- 1 cuillère à soupe de sauge fraîche hachée

SAUCE TOMATE VERTE

- 1 ½ tasse de tomates vertes fermes en dés
- ⅓ tasse d'oignon rouge haché
- 2 cuillères à soupe de coriandre fraîche hachée
- 1 jalapeño épépiné et haché (voir conseil)
- 1 gousse d'ail, hachée
- ½ cuillère à café de cumin moulu

¼ cuillère à café de poudre de chili

2 à 3 cuillères à soupe de jus de citron frais

1. Décongelez le poisson s'il est congelé. Lavez le poisson ; Sécher avec du papier absorbant. Mettez le poisson de côté.

2. Pour la pâte de sauge, dans une petite casserole, mélangez 1 cuillère à soupe d'huile d'olive, l'oignon et l'ail. Cuire à feu doux pendant 1 à 2 minutes ou jusqu'à ce qu'il soit parfumé. Ajouter la coriandre et le cumin ; cuire et remuer pendant 1 minute. Mélanger le paprika, l'origan et le poivre de Cayenne ; cuire et remuer pendant 1 minute. Ajouter le jus de citron et la sauge ; cuire et remuer pendant environ 3 minutes ou jusqu'à ce qu'une pâte lisse se forme ; Cool.

3. Avec vos doigts, enduisez les deux faces des filets de pâte de sauge. Placer le poisson dans un verre ou un plat non réactif ; couvrir hermétiquement d'une pellicule plastique. Réfrigérer 2 à 4 heures.

4. Pendant ce temps, pour la salsa, dans un bol moyen, mélanger les tomates, l'oignon, la coriandre, le jalapeño, l'ail, le cumin et la poudre de chili. Bien mélanger pour mélanger. Arroser de jus de citron ; mélanger pour enrober.

4. À l'aide d'une spatule en caoutchouc, grattez autant de pâte que possible sur le saumon. Jetez le dossier.

5. Placez une grande poêle en fonte au four. Tournez le four à 500 ° F. Préchauffez le four avec la poêle.

6. Retirez la poêle chaude du four. Versez 1 cuillère à soupe d'huile d'olive dans la poêle. Couvrir la poêle pour recouvrir le fond de la poêle d'huile. Disposez les filets dans la poêle, côté peau vers le bas. Badigeonner les filets avec la cuillère à soupe d'huile d'olive restante.

7. Cuire le saumon au four environ 10 minutes ou jusqu'à ce que le poisson commence à s'écailler lorsqu'on le teste à la fourchette. Servir le poisson avec du persil.

SAUMON ROTI ET ASPERGES EN PAPILLOTE AU PESTO DE CITRON ET NOISETTES

PREPARATION:20 minutes de rôtissage : 17 minutes donne : 4 portions

CUISINER « EN PAPILLOTE » SIGNIFIE SIMPLEMENT CUISINER SUR DU PAPIER.C'EST UNE BELLE FAÇON DE CUISINER POUR DE NOMBREUSES RAISONS. LE POISSON ET LES LEGUMES CUISENT A LA VAPEUR A L'INTERIEUR DU SACHET DE PAPIER SULFURISE, SCELLANT LES JUS, LA SAVEUR ET LES NUTRIMENTS – ET IL N'Y A PAS DE CASSEROLES NI DE POELES A LAVER ENSUITE.

- 4 filets de saumon frais ou surgelés de 6 onces
- 1 tasse de feuilles de basilic frais légèrement tassées
- 1 tasse de feuilles de persil frais légèrement tassées
- ½ tasse de noisettes grillées*
- 5 cuillères à soupe d'huile d'olive
- 1 cuillère à café de zeste de citron finement râpé
- 2 cuillères à soupe de jus de citron frais
- 1 gousse d'ail, hachée
- 1 livre d'asperges fines, parées
- 4 cuillères à soupe de vin blanc sec

1. Décongelez le saumon s'il est congelé. Lavez le poisson; Sécher avec du papier absorbant. Préchauffer le four à 400°F.

2. Pour le pesto, dans un mixeur ou un robot culinaire, mélanger le basilic, le persil, les noisettes, l'huile d'olive, le zeste de citron, le jus de citron et l'ail. Couvrir et mélanger ou mélanger jusqu'à consistance lisse; laissé de côté.

3. Découpez quatre carrés de 12 pouces dans du papier parchemin. Pour chaque paquet, déposer un filet de saumon au centre d'un carré de papier sulfurisé. Garnir d'un quart des asperges et de 2 à 3 cuillères à soupe de pesto; arroser d'1 cuillère à soupe de vin. Apportez deux côtés opposés du papier sulfurisé et repliez le poisson plusieurs fois. Pliez les bords du parchemin pour sceller. Répétez l'opération pour créer trois autres paquets.

4. Cuire au four pendant 17 à 19 minutes ou jusqu'à ce que le poisson commence à s'écailler lorsqu'on le teste à la fourchette (ouvrir soigneusement l'emballage pour vérifier la cuisson).

*Astuce : Pour griller des noisettes, préchauffez le four à 350°F. Étalez les noix en une seule couche dans un plat peu profond allant au four. Cuire au four de 8 à 10 minutes ou jusqu'à ce qu'ils soient légèrement grillés, en remuant une fois pour griller uniformément. Refroidissez légèrement les noix. Placez les noix chaudes sur un torchon propre; frottez avec la serviette pour enlever la peau lâche.

SAUMON ASSAISONNE DE COMPOTE DE CHAMPIGNONS ET POMMES

DU DEBUT A LA FIN : 40 minutes donnent : 4 portions

CE FILET DE SAUMON ENTIERGARNI D'UN MELANGE DE CHAMPIGNONS SAUTES, D'ECHALOTES ET DE TRANCHES DE POMME A PEAU ROUGE, ET SERVI SUR UN LIT D'EPINARDS VERT VIF, CELA CONSTITUE UN PLAT EPOUSTOUFLANT A SERVIR AUX INVITES.

1 ½ livre de filet de saumon entier frais ou surgelé, avec la peau
1 cuillère à café de graines de fenouil finement écrasées*
½ cuillère à café de sauge séchée, écrasée
½ cuillère à café de coriandre moulue
¼ cuillère à café de moutarde sèche
¼ cuillère à café de poivre noir
2 cuillères à soupe d'huile d'olive
1½ tasse de champignons cremini frais, coupés en quartiers
1 échalote moyenne, tranchée très finement
1 petite pomme à cuire, coupée en quartiers, épépinée et tranchée finement
¼ tasse de vin blanc sec
4 tasses d'épinards frais
Des petits brins de sauge fraîche (facultatif)

1. Décongelez le saumon s'il est congelé. Préchauffer le four à 425 ° F. Tapisser une grande plaque à pâtisserie de papier parchemin; laissé de côté. Lavez le poisson; Sécher avec du papier absorbant. Placer le saumon, peau vers le bas, sur la plaque à pâtisserie préparée. Dans un petit bol, mélanger les graines de fenouil, ½ cuillère à café de sauge séchée, la coriandre, la moutarde et le poivre. Saupoudrer uniformément sur le saumon; frottez avec vos doigts.

2. Mesurez l'épaisseur du poisson. Cuire le saumon pendant 4 à 6 minutes par ½ pouce d'épaisseur ou jusqu'à ce que le poisson commence à s'écailler lorsqu'on le teste à la fourchette.

3. Pendant ce temps, pour la sauce à la poêle, faites chauffer l'huile d'olive dans une grande poêle à feu moyen. Ajouter les champignons et l'échalote; cuire 6 à 8 minutes ou jusqu'à ce que les champignons soient tendres et commencent à dorer, en remuant de temps en temps. Ajoutez la pomme; couvrir et cuire en remuant pendant encore 4 minutes. Ajoutez le vin avec précaution. Cuire à découvert pendant 2 à 3 minutes ou jusqu'à ce que les tranches de pomme soient tendres. À l'aide d'une écumoire, transférer le mélange de champignons dans un bol moyen; couvrir pour garder au chaud.

4. Dans la même poêle, cuire les épinards pendant 1 minute ou jusqu'à ce qu'ils fanent, en remuant constamment. Répartissez les épinards dans quatre assiettes de service. Coupez le filet de saumon en quatre portions égales, en coupant la peau mais pas celle-ci. Utilisez une grande spatule pour retirer des portions de saumon de la peau; déposer une portion de saumon sur épinards dans chaque assiette. Répartir uniformément le mélange de champignons sur le saumon. Si désiré, garnir de sauge fraîche.

*Astuce : Utilisez un mortier et un pilon ou un moulin à épices pour broyer finement les graines de fenouil.

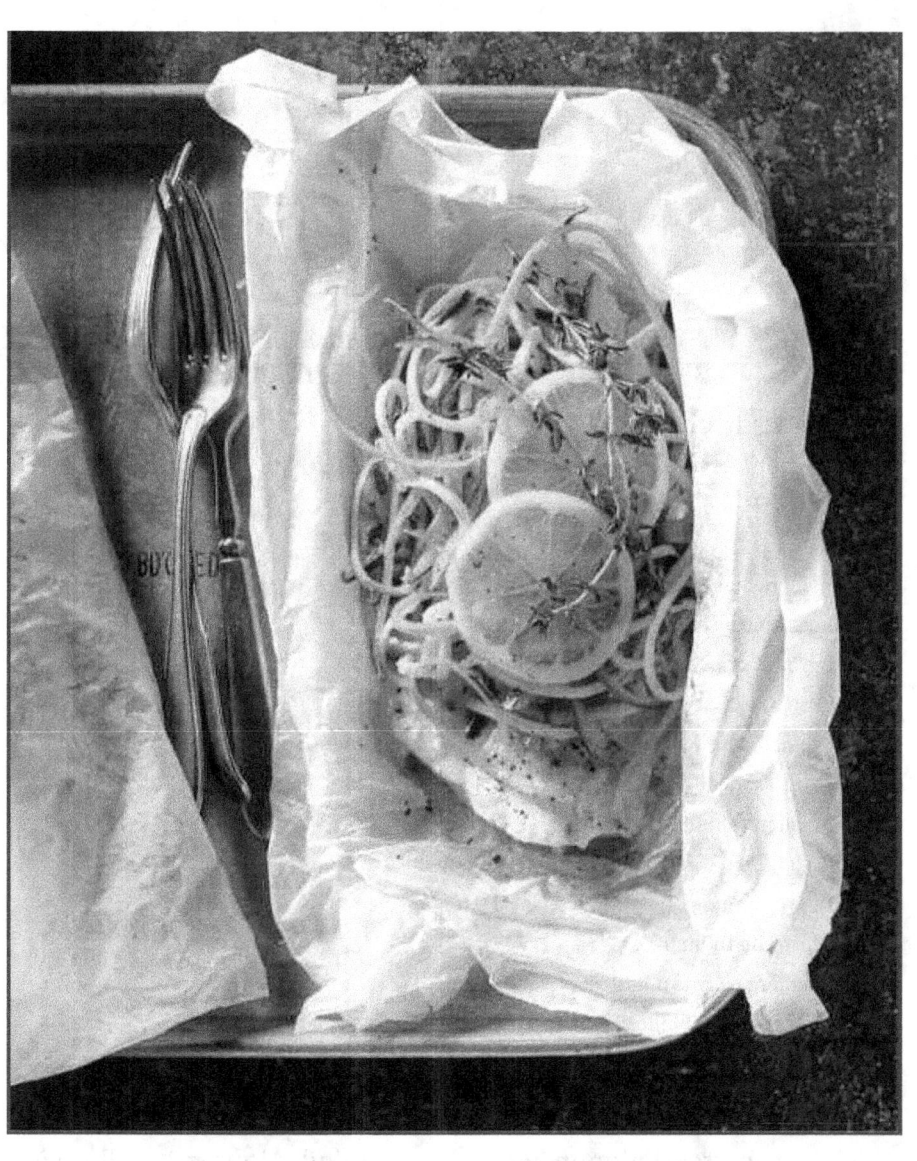

SOLE EN PAPILLOTE AVEC JULIENNE DE LEGUMES

PREPARATION:30 minutes de cuisson : 12 minutes pour : 4 portions<u>PHOTOGRAPHIER</u>

VOUS POUVEZ CERTAINEMENT COUPER LES LEGUMES EN JULIENNEAVEC UN COUTEAU DE CHEF TRES TRANCHANT, MAIS CELA PREND BEAUCOUP DE TEMPS. UN EPLUCHEUR A JULIENNE (VOIR<u>"ÉQUIPEMENT"</u>) PERMET DE CREER RAPIDEMENT DE LONGUES LANIERES DE LEGUMES FINES ET DE FORME UNIFORME.

- 4 à 6 onces de flétan frais ou congelé, de flétan ou d'autres filets de poisson blanc fermes
- 1 courgette coupée en julienne
- 1 grosse carotte coupée en julienne
- ½ oignon rouge coupé en julienne
- 2 tomates Roma épépinées et hachées grossièrement
- 2 gousses d'ail, hachées
- 1 cuillère d'huile d'olive
- ½ cuillère à café de poivre noir
- 1 citron, coupé en 8 fines tranches, épépiné
- 8 brins de thym frais
- 4 cuillères à café d'huile d'olive
- ¼ tasse de vin blanc sec

1. Décongelez le poisson s'il est congelé. Préchauffer le four à 375 ° F. Dans un grand bol, mélanger les courgettes, les carottes, l'oignon, les tomates et l'ail. Ajoutez 1 cuillère à soupe d'huile d'olive et ¼ cuillère à café de poivre; bien mélanger pour combiner. Mettez les légumes de côté.

2. Découpez quatre carrés de 14 pouces dans du papier parchemin. Lavez le poisson; Sécher avec du papier

absorbant. Placer un filet au centre de chaque carré. Saupoudrer du reste de ¼ de cuillère à café de poivre. Disposez les légumes, les tranches de citron et les brins de thym sur les filets en les répartissant uniformément. Arroser chaque tas d'1 cuillère à café d'huile d'olive et 1 cuillère à soupe de vin blanc.

3. En travaillant un paquet à la fois, soulevez deux côtés opposés du papier sulfurisé et repliez le poisson plusieurs fois. Pliez les bords du parchemin pour sceller.

4. Disposez les sachets sur une grande plaque à pâtisserie. Cuire au four environ 12 minutes ou jusqu'à ce que le poisson commence à s'écailler lorsqu'on le teste à la fourchette (ouvrir soigneusement l'emballage pour vérifier la cuisson).

5. Pour servir, déposer chaque paquet sur une assiette ; Ouvrez soigneusement les paquets.

TACOS DE POISSON AU PESTO DE ROQUETTE ET CREME DE CITRON FUME

PREPARATION:30 minutes de grillade : 4 à 6 minutes par ½ pouce d'épaisseur donne : 6 portions

VOUS POUVEZ REMPLACER LA SOLE PAR DE LA MORUE– MAIS PAS LE TILAPIA. LE TILAPIA EST MALHEUREUSEMENT L'UN DES PIRES CHOIX DE POISSON. IL EST PRESQUE UNIVERSELLEMENT ELEVE DANS LES FERMES ET SOUVENT DANS DES CONDITIONS HORRIBLES. AINSI, MEME SI LE TILAPIA EST PRESQUE OMNIPRESENT, IL DOIT ETRE EVITE.

- 4 filets de plie frais ou congelés de 4 à 5 onces, d'environ ½ pouce d'épaisseur
- 1 recette de pesto de roquette (voir revenu)
- ½ tasse de crème de noix de cajou (voir revenu)
- 1 cuillère à café d'assaisonnement fumé (voir revenu)
- ½ cuillère à café de zeste de citron finement râpé
- 12 feuilles de laitue iceberg
- 1 avocat mûr, coupé en deux, épépiné, pelé et coupé en fines tranches
- 1 tasse de tomates hachées
- ¼ tasse de coriandre fraîche hachée
- 1 citron vert, coupé en quartiers

1. Décongelez le poisson s'il est congelé. Lavez le poisson; Sécher avec du papier absorbant. Mettez le poisson de côté.

2. Frottez un peu de pesto de roquette sur les deux côtés du poisson.

3. Pour un gril au charbon de bois ou au gaz, placez le poisson sur une grille graissée directement à feu moyen. Couvrir

et griller pendant 4 à 6 minutes ou jusqu'à ce que le poisson commence à se désagréger lorsqu'on le teste avec une fourchette, en le retournant une fois à mi-cuisson.

4. Pendant ce temps, pour la crème au citron vert fumé, dans un petit bol, fouetter ensemble la crème de cajou, l'assaisonnement fumé et le zeste de citron.

5. À l'aide d'une fourchette, cassez le poisson en morceaux. Remplissez les feuilles de beurre de tranches de poisson, d'avocat et de tomate; saupoudrer de coriandre. Arroser les tacos de crème au citron vert fumé. Servir avec des quartiers de citron vert à presser sur les tacos.

SOLE EN CROUTE D'AMANDES

PREPARATION:15 minutes de cuisson : 3 minutes pour : 2 portions

JUSTE UN PEU DE FARINE D'AMANDECREE UNE BELLE CROUTE SUR CE POISSON FRIT EXTREMEMENT RAPIDEMENT, SERVI AVEC UNE MAYONNAISE CREMEUSE ET UN FILET DE CITRON FRAIS.

- 12 onces de filets de flétan frais ou surgelés
- 1 cuillère à soupe d'assaisonnement aux herbes citronnées (voir revenu)
- ¼ à ½ cuillère à café de poivre noir
- ⅓ tasse de farine d'amande
- 2 à 3 cuillères à soupe d'huile d'olive
- ¼ tasse de Mayo Paléo (voir revenu)
- 1 cuillère à café d'aneth frais haché
- Tranches de citrons

1. Décongelez le poisson s'il est congelé. Lavez le poisson; Sécher avec du papier absorbant. Dans un petit bol, mélanger l'assaisonnement à la citronnelle et le poivre. Enduire les deux côtés des filets avec le mélange d'assaisonnement, en appuyant légèrement pour faire adhérer. Étalez la farine d'amandes sur une grande assiette. Enduire un côté de chaque filet de farine d'amande en appuyant légèrement pour faire adhérer.

2. Dans une grande poêle, chauffer suffisamment d'huile pour couvrir la poêle à feu moyen-vif. Ajouter le poisson, côtés enrobés vers le bas. Cuire 2 minutes. Retournez délicatement le poisson; cuire environ 1 minute de plus ou jusqu'à ce que le poisson commence à s'écailler lorsqu'on le teste à la fourchette.

3. Pour la vinaigrette, dans un petit bol, mélanger la Paleo Mayo et l'aneth. Servir le poisson avec la sauce et les tranches de citron.

CABILLAUD GRILLE ET SACHETS DE COURGETTES, SAUCE PIQUANTE A LA MANGUE ET AU BASILIC

PREPARATION:20 minutes de grill : 6 minutes donne : 4 portions

1 à 1½ livre de morue fraîche ou congelée, de ½ à 1 pouce d'épaisseur
4 feuilles de 24 pouces de long et 12 pouces de large
1 courgette moyenne, coupée en julienne
Assaisonnement aux herbes et au citron (voir<u>revenu</u>)
¼ tasse de mayonnaise paléo chipotle (voir<u>revenu</u>)
1 à 2 cuillères à soupe de purée de mangue mûre*
1 cuillère à soupe de jus de citron vert ou de citron frais ou de vinaigre de vin de riz
2 cuillères à soupe de basilic frais haché

1. Décongelez le poisson s'il est congelé. Lavez le poisson; Sécher avec du papier absorbant. Coupez le poisson en quatre morceaux de la taille d'une portion.

2. Pliez chaque morceau de papier d'aluminium en deux pour créer un carré de 12 pouces double épaisseur. Disposez une portion de poisson au milieu d'un carré de papier aluminium. Couvrir avec un quart des courgettes. Saupoudrer d'assaisonnement à la mélisse. Ouvrez les deux côtés opposés du papier d'aluminium et repliez plusieurs fois les courgettes et le poisson. Pliez les extrémités de la feuille d'aluminium. Répétez l'opération pour créer trois autres paquets. Pour la vinaigrette, dans un petit bol, mélanger Chipotle Paleo Mayo, la mangue, le jus de lime et le basilic ; laissé de côté.

3. Pour un gril au charbon de bois ou au gaz, placez les sachets sur le gril huilé directement à feu moyen. Couvrir et griller

pendant 6 à 9 minutes ou jusqu'à ce que le poisson commence à s'écailler lorsqu'on le teste avec une fourchette et que les courgettes soient croustillantes (ouvrez soigneusement l'emballage pour vérifier la cuisson). Ne retournez pas les sachets lors de la cuisson. Napper chaque portion de sauce.

*Astuce : Pour la purée de mangue, mixez ¼ tasse de mangue hachée et 1 cuillère à soupe d'eau dans un mixeur. Couvrir et mélanger jusqu'à consistance lisse. Ajoutez le reste de la purée de mangue à un smoothie.

MORUE AU RIESLING AVEC TOMATES FARCIES AU PESTO

PREPARATION : 30 minutes de cuisson : 10 minutes donnent : 4 portions

1 à 1½ livre de filets de morue frais ou congelés, d'environ 1 pouce d'épaisseur

4 tomates romaines

3 cuillères à soupe de pesto de basilic (voir<u>revenu</u>)

¼ cuillère à café de poivre noir concassé

1 tasse de Riesling sec ou de Sauvignon Blanc

1 branche de thym frais ou ½ cuillère à café de thym séché, écrasé

1 feuille de laurier

½ tasse d'eau

2 cuillères à soupe de ciboulette hachée

Tranches de citrons

1. Décongelez le poisson s'il est congelé. Coupez les tomates en deux horizontalement. Retirez les graines et une partie de la chair. (Si nécessaire pour que la tomate repose à plat, coupez une tranche très fine au niveau de l'extrémité en prenant soin de ne pas faire de trou au fond de la tomate.) Déposez un peu de pesto sur chaque moitié de tomate ; saupoudrer de poivre concassé; laissé de côté.

2. Lavez le poisson ; Sécher avec du papier absorbant. Coupez le poisson en quatre morceaux. Placez un panier vapeur dans une grande poêle avec un couvercle hermétique. Ajoutez environ ½ pouce d'eau dans la poêle. Porter à ébullition; réduire le feu à moyen. Ajouter les tomates, côté coupé vers le haut, dans le panier. Couvrir et cuire à la vapeur pendant 2 à 3 minutes ou jusqu'à ce que le tout soit bien chaud.

3. Retirez les tomates dans une assiette; couvrir pour garder au chaud. Retirez le panier vapeur de la poêle; jeter l'eau. Ajoutez le vin, le thym, le laurier et ½ tasse d'eau dans la poêle. Porter à ébullition; Réduire le feu à moyen-doux. Ajoutez le poisson et la ciboulette. Cuire à couvert pendant 8 à 10 minutes ou jusqu'à ce que le poisson commence à se désagréger lorsqu'on le teste à la fourchette.

4. Arroser le poisson d'un peu de bouillon. Servir le poisson avec des tomates farcies au pesto et des tranches de citron.

MORUE GRILLEE EN CROUTE DE PISTACHES ET DE CORIANDRE SUR PUREE DE PATATES DOUCES

PREPARATION:20 minutes de cuisson : 10 minutes de cuisson : 4 à 6 minutes par ½ pouce d'épaisseur donne : 4 portions

1 à 1½ livre de morue fraîche ou congelée

Huile d'olive ou de coco raffinée

2 cuillères à soupe de pistaches, noix ou amandes moulues

1 blanc d'oeuf

½ cuillère à café de zeste de citron finement râpé

1½ kg de patates douces, pelées et coupées en morceaux

2 gousses d'ail

1 cuillère d'huile de coco

1 cuillère à soupe de gingembre frais râpé

½ cuillère à café de cumin moulu

¼ tasse de lait de coco (comme Nature's Way)

4 cuillères à café de pesto de coriandre ou de pesto de basilic (voir revenus)

1. Décongelez le poisson s'il est congelé. Préchauffer le gril. Grille d'huile d'une poêle à frire. Dans un petit bol, mélanger les noix moulues, les blancs d'œufs et le zeste de citron ; laissé de côté.

2. Pour la purée de patates douces, dans une casserole moyenne, faites cuire les patates douces et l'ail dans suffisamment d'eau bouillante pour couvrir pendant 10 à 15 minutes ou jusqu'à tendreté. Vidange; remettre les patates douces et l'ail dans la poêle. A l'aide d'un presse purée, écrasez les patates douces. Mélangez 1 cuillère à soupe d'huile de coco, de gingembre et de cumin. Incorporer le lait de coco jusqu'à ce que le mélange soit léger et mousseux.

3. Lavez le poisson ; Sécher avec du papier absorbant. Coupez le poisson en quatre morceaux et placez-le sur la grille non chauffée d'une plaque à pâtisserie. Pliez sous les bords fins. Tartiner chaque morceau de pesto à la coriandre. Versez le mélange de noix dans le pesto et étalez délicatement. Griller le poisson à 4 pouces du feu pendant 4 à 6 minutes par ½ pouce d'épaisseur ou jusqu'à ce que le poisson commence à s'écailler lorsqu'il est testé avec une fourchette, en le recouvrant de papier d'aluminium pendant la cuisson si l'enrobage commence à brûler. Servir le poisson avec des patates douces.

MORUE AU ROMARIN ET MANDARINE AVEC BROCOLI ROTI

PREPARATION:15 minutes marinage : jusqu'à 30 minutes cuisson : 12 minutes donne : 4 portions

1 à 1½ livre de morue fraîche ou congelée
1 cuillère à café de zeste de mandarine finement râpé
½ tasse de jus de mandarine ou d'orange fraîche
4 cuillères à soupe d'huile d'olive
2 cuillères à café de romarin frais haché
¼ à ½ cuillère à café de poivre noir concassé
1 cuillère à café de zeste de mandarine finement râpé
3 tasses de fleurons de brocoli
¼ cuillère à café de poivron rouge moulu
Tranches de mandarine, graines retirées

1. Préchauffer le four à 450°F. Décongelez le poisson s'il est congelé. Lavez le poisson; Sécher avec du papier absorbant. Coupez le poisson en quatre morceaux de la taille d'une portion. Mesurez l'épaisseur du poisson. Dans un plat peu profond, mélanger le zeste de mandarine, le jus de mandarine, 2 cuillères à soupe d'huile d'olive, le romarin et le poivre noir ; ajouter le poisson. Couvrir et laisser mariner au réfrigérateur jusqu'à 30 minutes.

2. Dans un grand bol, mélangez le brocoli avec les 2 cuillères à soupe d'huile d'olive restantes et le poivron rouge broyé. Placer dans un plat allant au four de 2 litres.

3. Badigeonnez légèrement un plat allant au four peu profond avec plus d'huile d'olive. Égouttez le poisson en réservant la marinade. Placer le poisson dans la poêle en rabattant les bords fins. Mettez le poisson et le brocoli au four. Rôtir

le brocoli pendant 12 à 15 minutes ou jusqu'à ce qu'il soit tendre et croustillant, en remuant une fois à mi-cuisson. Cuire le poisson pendant 4 à 6 minutes par ½ pouce d'épaisseur de poisson ou jusqu'à ce que le poisson commence à s'écailler lorsqu'il est testé avec une fourchette.

4. Dans une petite casserole, porter à ébullition la marinade réservée; cuire 2 minutes. Verser la marinade sur le poisson cuit. Servir le poisson avec des tranches de brocoli et de mandarine.

WRAPS DE LAITUE DE MORUE AU CURRY ET RADIS MARINES

PREPARATION:20 minutes de repos : 20 minutes de cuisson : 6 minutes pour : 4 portionsPHOTOGRAPHIER

- 1 kg de filets de cabillaud frais ou surgelés
- 6 radis hachés grossièrement
- 6 à 7 cuillères à soupe de vinaigre de cidre
- ½ cuillère à café de poivron rouge moulu
- 2 cuillères à soupe d'huile de coco non raffinée
- ¼ tasse de beurre d'amande
- 1 gousse d'ail, hachée
- 2 cuillères à café de gingembre finement râpé
- 2 cuillères à soupe d'huile d'olive
- 1½ à 2 cuillères à café de curry en poudre sans sel ajouté
- 4 à 8 feuilles de laitue au beurre ou feuilles de laitue frisée
- 1 poivron rouge, coupé en julienne
- 2 cuillères à soupe de coriandre fraîche hachée

1. Décongelez le poisson s'il est congelé. Dans un bol moyen, mélanger les radis, 4 cuillères à soupe de vinaigre et ¼ cuillère à café de poivron rouge broyé ; laissez reposer 20 minutes en remuant de temps en temps.

2. Pour la sauce au beurre d'amande, dans une petite casserole, faire fondre l'huile de coco à feu doux. Incorporer le beurre d'amande jusqu'à consistance lisse. Incorporer l'ail, le gingembre et le quart de cuillère à café de poivron rouge broyé restant. Retirer du feu. Ajoutez les 2 à 3 cuillères à soupe de vinaigre de cidre restantes en remuant jusqu'à consistance lisse; laissé de côté. (La sauce épaissira légèrement lorsque le vinaigre sera ajouté.)

3. Lavez le poisson ; Sécher avec du papier absorbant. Dans une grande poêle, faire chauffer l'huile et le curry à feu moyen. Ajoutez le poisson; cuire 3 à 6 minutes ou jusqu'à ce que le poisson commence à se désagréger lorsqu'on le teste à la fourchette, en le retournant une fois à mi-cuisson. À l'aide de deux fourchettes, émiettez grossièrement le poisson.

4. Égoutter les radis ; jeter la marinade. Placer un peu de poisson, des lanières de poivrons, du mélange de radis et de la vinaigrette au beurre d'amande sur chaque feuille de laitue. Saupoudrer de coriandre. Enroulez le papier d'aluminium autour de la garniture. Si vous le souhaitez, fixez les wraps avec des cure-dents en bois.

AIGLEFIN ROTI AU CITRON ET FENOUIL

PREPARATION:25 minutes de rôtissage : 50 minutes donnent : 4 portions

L'AIGLEFIN, LA GOBERGE ET LA MORUE ONT TOUSPULPE BLANCHE FERME AU GOUT DOUX. ILS SONT INTERCHANGEABLES DANS LA PLUPART DES RECETTES, Y COMPRIS CE PLAT SIMPLE DE POISSON ET DE LEGUMES ROTIS AUX HERBES ET AU VIN.

- 4 filets d'aiglefin, de goberge ou de morue frais ou surgelés de 6 onces, d'environ ½ pouce d'épaisseur
- 1 gros bulbe de fenouil, épépiné et tranché, feuilles réservées et hachées
- 4 carottes moyennes, coupées en deux verticalement et coupées en morceaux de 2 à 3 pouces de long
- 1 oignon rouge, coupé en deux et tranché
- 2 gousses d'ail, hachées
- 1 citron, tranché finement
- 3 cuillères à soupe d'huile d'olive
- ½ cuillère à café de poivre noir
- ¾ tasse de vin blanc sec
- 2 cuillères à soupe de persil frais finement haché
- 2 cuillères à soupe de feuilles de fenouil frais hachées
- 2 cuillères à café de zeste de citron finement râpé

1. Décongelez le poisson s'il est congelé. Préchauffer le four à 400 ° F. Dans un plat allant au four rectangulaire de 3 litres, mélanger le fenouil, les carottes, l'oignon, l'ail et les tranches de citron. Arroser de 2 cuillères à soupe d'huile d'olive et saupoudrer de ¼ cuillère à café de poivre; mélanger pour enrober. Versez le vin dans l'assiette. Couvrir le plat de papier d'aluminium.

2. Cuire au four pendant 20 minutes. Découvrir; remuer le mélange de légumes. Rôtir encore 15 à 20 minutes ou jusqu'à ce que les légumes soient tendres et croustillants. Remuez le mélange de légumes. Saupoudrer le poisson du ¼ de cuillère à café de poivre restant; Placez le poisson sur le mélange de légumes. Arrosez avec 1 cuillère à soupe d'huile d'olive restante. Cuire au four environ 8 à 10 minutes ou jusqu'à ce que le poisson commence à s'écailler lorsqu'on le teste à la fourchette.

3. Dans un petit bol, mélanger le persil, les feuilles de fenouil et le zeste de citron. Pour servir, répartissez le mélange de poisson et de légumes dans les assiettes de service. Verser le jus de cuisson sur le poisson et les légumes. Saupoudrer du mélange de persil.

VIVANEAU EN CROUTE DE PACANES AVEC REMOULADE ET GOMBO ET TOMATES A LA CAJUN

PREPARATION:1 heure de cuisson : 10 minutes de cuisson : 8 minutes donne : 4 portions

CE PLAT DE POISSON DIGNE D'UNE ENTREPRISECELA PREND UN PEU DE TEMPS A PREPARER, MAIS LES SAVEURS RICHES EN VALENT LA PEINE. LA REMOULADE, UNE SAUCE A BASE DE MAYONNAISE ENRICHIE DE MOUTARDE, DE CITRON ET D'ASSAISONNEMENT CAJUN ET DE CONFETTIS DE POIVRONS ROUGES HACHES, DE CIBOULETTE ET DE PERSIL, PEUT ETRE PREPAREE LA VEILLE ET REFRIGEREE.

- 4 cuillères à soupe d'huile d'olive
- ½ tasse de noix finement hachées
- 2 cuillères à soupe de persil frais haché
- 1 cuillère à soupe de thym frais haché
- 2 filets de vivaneau rouge de 8 onces, ½ pouce d'épaisseur
- 4 cuillères à café d'assaisonnement cajun (voir revenu)
- ½ tasse d'oignon haché
- ½ tasse de poivron vert haché
- ½ tasse de céleri coupé en dés
- 1 cuillère d'ail haché
- 1 livre de gousses de gombo frais, coupées en tranches de 1 pouce d'épaisseur (ou d'asperges fraîches, coupées en longueurs de 1 pouce)
- 8 onces de tomates raisins ou cerises, coupées en deux
- 2 cuillères à café de thym frais haché
- poivre noir
- Rémoulade (voir recette à droite)

1. Dans une poêle moyenne, faites chauffer 1 cuillère à soupe d'huile d'olive à feu moyen. Ajouter les noix et faire griller

pendant environ 5 minutes ou jusqu'à ce qu'elles soient dorées et parfumées, en remuant fréquemment. Transférez les noix dans un petit bol et laissez refroidir. Ajoutez le persil et le thym et réservez.

2. Préchauffer le four à 400°F. Tapisser une plaque à pâtisserie de papier sulfurisé ou de papier d'aluminium. Disposez les filets de vivaneau sur la plaque à pâtisserie, côté peau vers le bas, et saupoudrez chacun d'1 cuillère à café d'assaisonnement cajun. A l'aide d'un pinceau, ajoutez 2 cuillères à soupe d'huile d'olive sur les filets. Répartissez uniformément le mélange de noix de pécan sur les filets, en pressant doucement les noix de pécan sur la surface du poisson pour qu'elles collent. Couvrez si possible toutes les zones exposées du filet de poisson avec des noix. Cuire le poisson au four pendant 8 à 10 minutes ou jusqu'à ce qu'il se défasse facilement avec la pointe d'un couteau.

3. Dans une grande poêle, faites chauffer 1 cuillère à soupe d'huile d'olive restante à feu moyen-vif. Ajouter l'oignon, le poivron, le céleri et l'ail. Cuire et remuer pendant 5 minutes ou jusqu'à ce que les légumes soient tendres et croustillants. Ajouter des tranches de gombo (ou des asperges si vous en utilisez) et des tomates ; cuire 5 à 7 minutes ou jusqu'à ce que le gombo soit tendre et que les tomates commencent à craquer. Retirer du feu et assaisonner avec du thym et du poivre noir au goût. Servir les légumes accompagnés de daurade et de Rémoulade.

Rémoulade : Dans un robot culinaire, mélanger ½ tasse de poivron rouge haché, ¼ tasse de ciboulette hachée et 2 cuillères à soupe de persil frais haché jusqu'à ce qu'elles soient fines. Ajoutez ¼ tasse de Paleo Mayo (voir<u>revenu</u>), ¼ tasse de moutarde de Dijon (voir<u>revenu</u>), 1½ cuillères à café de jus de citron et ¼ cuillère à café d'assaisonnement cajun (voir<u>revenu</u>). Pulser jusqu'à ce que le tout soit combiné. Transférer dans un bol de service et réfrigérer jusqu'au moment de servir. (La rémoulade peut être préparée 1 jour à l'avance et réfrigérée.)

GALETTES DE THON A L'ESTRAGON, AÏOLI AVOCAT ET CITRON

PREPARATION:25 minutes de cuisson : 6 minutes pour : 4 portionsPHOTOGRAPHIER

AVEC LE SAUMON, LE THON EST UNDES RARES TYPES DE POISSONS QUI PEUVENT ETRE FINEMENT HACHES ET TRANSFORMES EN HAMBURGERS. FAITES ATTENTION A NE PAS TROP TRANSFORMER LE THON DANS LE ROBOT CULINAIRE, CAR CELA LE DURCIRAIT.

- 1 kilo de filets de thon sans peau frais ou surgelés
- 1 blanc d'oeuf légèrement battu
- ¾ tasse de farine de graines de lin dorées moulues
- 1 cuillère à soupe d'estragon ou d'aneth frais haché
- 2 cuillères à soupe de ciboulette fraîche hachée
- 1 cuillère à café de zeste de citron finement râpé
- 2 cuillères à soupe d'huile de lin, d'huile d'avocat ou d'huile d'olive
- 1 avocat moyen, sans pépins
- 3 cuillères à soupe de Paleo Mayo (voirrevenu)
- 1 cuillère à café de zeste de citron finement râpé
- 2 cuillères à café de jus de citron frais
- 1 gousse d'ail, hachée
- 4 onces de bébés épinards (environ 4 tasses bien tassées)
- ⅓ tasse de vinaigrette à l'ail rôti (voirrevenu)
- 1 pomme Granny Smith, épépinée et coupée en morceaux de la taille d'une allumette
- ¼ tasse de noix grillées hachées (voirconseil)

1. Décongelez le poisson s'il est congelé. Lavez le poisson; Sécher avec du papier absorbant. Coupez le poisson en morceaux de 1,5 cm. Placer le poisson dans un robot culinaire; traiter avec des impulsions marche/arrêt jusqu'à ce qu'ils soient finement hachés. (Veillez à ne pas

trop transformer, sinon vous durcirez le burger.) Mettez le poisson de côté.

2. Dans un bol moyen, fouetter ensemble le blanc d'œuf, ¼ tasse de farine de graines de lin, l'estragon, la ciboulette et le zeste de citron. Ajoutez le poisson; remuer doucement pour combiner. Façonnez le mélange de poisson en quatre galettes de ½ pouce d'épaisseur.

3. Placer la ½ tasse de farine de graines de lin restante dans un plat peu profond. Tremper les hamburgers dans le mélange de graines de lin, en les retournant pour les enrober uniformément.

4. Dans une grande poêle, faites chauffer l'huile à feu moyen. Cuire les hamburgers de thon dans l'huile chaude pendant 6 à 8 minutes ou jusqu'à ce qu'un thermomètre à lecture instantanée inséré horizontalement dans les hamburgers indique 160 °F, en les retournant une fois à mi-cuisson.

5. Pendant ce temps, pour l'aïoli, dans un bol moyen, utiliser une fourchette pour écraser l'avocat. Ajouter la Paleo Mayo, le zeste de citron, le jus de citron et l'ail. Pétrir jusqu'à ce que le mélange soit bien mélangé et presque lisse.

6. Placez les épinards dans un bol moyen. Arroser les épinards de vinaigrette à l'ail rôti; mélanger pour enrober. Pour chaque portion, déposer un burger de thon et un quart des épinards sur une assiette de service. Garnir le thon d'un peu d'aïoli. Garnir les épinards de pomme et de noix. Sers immédiatement.

TAJINE CONTREBASSE

PREPARATION:50 minutes Refroidissement : 1 à 2 heures Cuisson : 22 minutes Cuisson : 25 minutes Pour : 4 portions

TAJINE EST LE NOM DEA LA FOIS UN TYPE DE PLAT NORD-AFRICAIN (UNE SORTE DE RAGOUT) ET LA POELE EN FORME DE CONE DANS LAQUELLE IL EST CUIT. SI VOUS N'EN AVEZ PAS, UNE POELE COUVERTE ALLANT AU FOUR FERA TRES BIEN L'AFFAIRE. LA CHERMOULA EST UNE PATE EPAISSE A BASE DE PLANTES D'AFRIQUE DU NORD QUI EST LE PLUS SOUVENT UTILISEE COMME MARINADE POUR LE POISSON. SERVEZ CE PLAT DE POISSON COLORE AVEC DE LA PUREE DE PATATES DOUCES OU DU CHOU-FLEUR.

- 4 filets de bar ou de flétan frais ou surgelés de 6 onces, avec la peau
- 1 bouquet de coriandre hachée
- 1 cuillère à café de zeste de citron râpé (réserver)
- ¼ tasse de jus de citron frais
- 4 cuillères à soupe d'huile d'olive
- 5 gousses d'ail, hachées
- 4 cuillères à café de cumin moulu
- 2 cuillères à café de paprika doux
- 1 cuillère à café de coriandre moulue
- ¼ cuillère à café d'anis moulu
- 1 gros oignon, pelé, coupé en deux et tranché finement
- 1 boîte de 15 onces de tomates en dés rôties au feu sans sel ajouté, non égouttées
- ½ tasse de bouillon d'os de poulet (voir revenu) ou bouillon de poulet non salé
- 1 gros poivron jaune, épépiné et coupé en lanières de ½ pouce
- 1 gros poivron orange, épépiné et coupé en lanières de ½ pouce

1. Décongelez le poisson s'il est congelé. Lavez le poisson; Sécher avec du papier absorbant. Placez les filets de

poisson dans un plat allant au four peu profond et non métallique. Mettez le poisson de côté.

2. Pour la chermoula, mixez la coriandre, le jus de citron, 2 cuillères à soupe d'huile d'olive, 4 gousses d'ail hachées, le cumin, le paprika, la coriandre et l'anis dans un mixeur ou un robot culinaire. Couvrir et mélanger jusqu'à consistance lisse.

3. Placez la moitié de la chermoula sur le poisson en retournant le poisson pour bien l'enrober des deux côtés. Couvrir et réfrigérer 1 à 2 heures. Couvrir le reste de chermoula; laisser reposer à température ambiante jusqu'à ce que vous en ayez besoin.

4. Préchauffer le four à 325°F. Dans une grande poêle, faire chauffer les 2 cuillères à soupe d'huile restantes à feu moyen-vif. Ajouter l'oignon; cuire et remuer pendant 4 à 5 minutes ou jusqu'à tendreté. Ajouter la gousse d'ail hachée restante; cuire et remuer pendant 1 minute. Ajouter la chermoula réservée, les tomates, le bouillon d'os de poulet, les lanières de poivrons et le zeste de citron. Porter à ébullition; baisser la température. Cuire à découvert pendant 15 minutes. Si vous le souhaitez, transférez le mélange dans un tajine ; garnir de poisson et du reste de chermoula du plat. Couvrir; cuire au four pendant 25 minutes. Sers immédiatement.

FLETAN A L'AIL ET SAUCE AUX CREVETTES AVEC SOFFRITO DE CHOU FRISE

PREPARATION:30 minutes de cuisson : 19 minutes pour : 4 portions

IL EXISTE PLUSIEURS SOURCES ET TYPES DIFFERENTS DE FLETAN,ET ILS PEUVENT ETRE DE QUALITE TRES DIFFERENTE – ET CAPTURES DANS DES CONDITIONS TRES DIFFERENTES. LA DURABILITE DU POISSON, L'ENVIRONNEMENT DANS LEQUEL IL VIT ET LES CONDITIONS DANS LESQUELLES IL EST ELEVE/PECHE SONT DES FACTEURS QUI DETERMINENT QUELS POISSONS CONSTITUENT DE BONS CHOIX POUR LA CONSOMMATION. VISITEZ LE SITE WEB DE L'AQUARIUM DE MONTEREY BAY (WWW.SEAFOODWATCH.ORG) POUR OBTENIR LES DERNIERES INFORMATIONS SUR LES POISSONS A MANGER ET CEUX A EVITER.

- 4 filets de flétan frais ou surgelés de 6 onces, d'environ 1 pouce d'épaisseur
- poivre noir
- 6 cuillères à soupe d'huile d'olive extra vierge
- ½ tasse d'oignon finement haché
- ¼ tasse de poivron rouge coupé en dés
- 2 gousses d'ail, hachées
- ¾ cuillère à café de paprika espagnol fumé
- ½ cuillère à café d'origan frais haché
- 4 tasses de chou frisé, coupé en lanières de ¼ de pouce d'épaisseur (environ 12 onces)
- ⅓ tasse d'eau
- 8 onces de crevettes moyennes, décortiquées, nettoyées et hachées grossièrement
- 4 gousses d'ail, tranchées finement
- ¼ à ½ cuillère à café de poivron rouge broyé

⅓ tasse de xérès sec

2 cuillères à soupe de jus de citron

¼ tasse de persil frais haché

1. Décongelez le poisson s'il est congelé. Lavez le poisson; Sécher avec du papier absorbant. Saupoudrer le poisson de poivre. Dans une grande poêle, faites chauffer 2 cuillères à soupe d'huile d'olive à feu moyen. Ajoutez les filets; cuire 10 minutes ou jusqu'à ce que le poisson soit doré et se défasse en flocons lorsqu'on le teste avec une fourchette, en le retournant une fois à mi-cuisson. Transférer le poisson dans un plat et recouvrir de papier d'aluminium pour le garder au chaud.

2. Pendant ce temps, dans une autre grande poêle, faites chauffer 1 cuillère à soupe d'huile d'olive à feu moyen. Ajouter l'oignon, le poivre, 2 gousses d'ail hachées, le paprika et l'origan ; cuire et remuer 3 à 5 minutes ou jusqu'à tendreté. Ajoutez le chou et l'eau. Couvrir et cuire 3 à 4 minutes ou jusqu'à ce que le liquide se soit évaporé et que les légumes verts soient tendres, en remuant de temps en temps. Couvrir et réserver au chaud jusqu'au moment de servir.

3. Pour la sauce aux crevettes, ajoutez les 3 cuillères à soupe d'huile d'olive restantes dans la poêle utilisée pour cuire le poisson. Ajouter les crevettes, 4 gousses d'ail tranchées et le poivron rouge écrasé. Cuire et remuer pendant 2 à 3 minutes ou jusqu'à ce que l'ail commence à dorer. Ajouter les crevettes; cuire 2 à 3 minutes jusqu'à ce que les crevettes soient fermes et roses. Mélangez le xérès et le jus de citron. Cuire 1 à 2 minutes ou jusqu'à ce qu'il soit légèrement réduit. Mélangez le persil.

4. Répartissez la sauce aux crevettes entre les filets de sole. Servir avec des légumes.

BOUILLABAISSE AUX FRUITS DE MER

DU DEBUT A LA FIN : 1¾ HEURES DONNE : 4 PORTIONS

COMME LE CIOPPINO ITALIEN, CE RAGOUT DE FRUITS DE MER FRANÇAISDE POISSONS ET DE CRUSTACES SEMBLE REPRESENTER UN ECHANTILLON DE LA PECHE DU JOUR JETEE DANS UNE POELE AVEC DE L'AIL, DE L'OIGNON, DE LA TOMATE ET DU VIN. LA SAVEUR DISTINCTIVE DE LA BOUILLABAISSE, CEPENDANT, EST LA COMBINAISON DE SAVEURS DE SAFRAN, D'ANIS ET DE ZESTE D'ORANGE.

- 1 livre de filet de flétan sans peau frais ou congelé, coupé en morceaux de 1 pouce
- 4 cuillères à soupe d'huile d'olive
- 2 tasses d'oignon haché
- 4 gousses d'ail, écrasées
- 1 tête de fenouil épépinée et hachée
- 6 tomates Romano, hachées
- ¾ tasse de bouillon d'os de poulet (voir revenu) ou bouillon de poulet non salé
- ¼ tasse de vin blanc sec
- 1 tasse d'oignon finement haché
- 1 tête de fenouil épépinée et hachée finement
- 6 gousses d'ail, hachées
- 1 orange
- 3 tomates romaines hachées grossièrement
- 4 fils de safran
- 1 cuillère à soupe d'origan frais haché
- 1 livre de petites palourdes, lavées et rincées
- 1 livre de moules, barbes enlevées, lavées et rincées (voir conseil)
- Origan frais haché (facultatif)

1. Décongelez le flétan s'il est congelé. Lavez le poisson; Sécher avec du papier absorbant. Mettez le poisson de côté.

2. Dans une cocotte de 6 à 8 litres, faites chauffer 2 cuillères à soupe d'huile d'olive à feu moyen. Ajoutez 2 tasses d'oignon haché, 1 tête de fenouil haché et 4 gousses d'ail écrasées dans la poêle. Cuire de 7 à 9 minutes ou jusqu'à ce que l'oignon soit tendre, en remuant de temps en temps. Ajouter 6 tomates hachées et 1 tête de fenouil hachée ; cuire encore 4 minutes. Ajouter le bouillon d'os de poulet et le vin blanc dans la poêle; cuire 5 minutes; refroidir un peu. Transférez le mélange de légumes dans un mélangeur ou un robot culinaire. Couvrir et mélanger ou mélanger jusqu'à consistance lisse; laissé de côté.

3. Dans la même cocotte, faites chauffer 1 cuillère à soupe d'huile d'olive restante à feu moyen. Ajoutez 1 tasse d'oignon haché, 1 tête de fenouil haché et 6 gousses d'ail émincées. Cuire à feu moyen pendant 5 à 7 minutes ou jusqu'à ce qu'il soit presque tendre, en remuant constamment.

4. À l'aide d'un épluche-légumes, prélevez le zeste d'orange en larges lanières ; laissé de côté. Ajoutez le mélange de légumes en purée, 3 tomates hachées, le safran, l'origan et les lanières de zeste d'orange dans la cocotte. Porter à ébullition; réduire le feu pour maintenir une ébullition. Ajouter les palourdes, les moules et le poisson; remuer doucement pour enrober le poisson de sauce. Ajustez le feu au besoin pour maintenir une ébullition forte. Couvrir et cuire doucement pendant 3 à 5 minutes jusqu'à ce que les moules et les palourdes s'ouvrent et que le poisson commence à se désagréger lorsqu'on le teste à la fourchette. Verser dans des bols peu profonds pour servir. Si vous le souhaitez, saupoudrez d'origan supplémentaire.

CEVICHE DE CREVETTES CLASSIQUE

PREPARATION:20 minutes de cuisson : 2 minutes au frais : 1 heure de repos : 30 minutes
Pour : 3 à 4 portions

CE PLAT LATINO-AMERICAIN EST GENIALDE SAVEURS ET DE TEXTURES. CONCOMBRE ET CELERI CROUSTILLANTS, AVOCAT CREMEUX, JALAPEÑOS PIQUANTS ET EPICES ET CREVETTES DELICATES ET SUCREES SE MELANGENT AVEC DU JUS DE CITRON ET DE L'HUILE D'OLIVE. DANS LE CEVICHE TRADITIONNEL, L'ACIDE CONTENU DANS LE JUS DE CITRON VERT « CUIT » LES CREVETTES – MAIS UN PLONGEON RAPIDE DANS L'EAU BOUILLANTE NE LAISSE RIEN AU HASARD, EN TERMES DE SECURITE – ET NE NUIT NI A LA SAVEUR NI A LA TEXTURE DES CREVETTES.

- 1 livre de crevettes moyennes fraîches ou surgelées, décortiquées et nettoyées, queues enlevées
- ½ concombre pelé, épépiné et haché
- 1 tasse de céleri haché
- ½ d'un petit oignon rouge, haché
- 1 à 2 piments jalapeños, épépinés et hachés (voir conseil)
- ½ tasse de jus de citron frais
- 2 tomates romaines, coupées en dés
- 1 avocat, coupé en deux, épépiné, pelé et haché
- ¼ tasse de coriandre fraîche hachée
- 3 cuillères à soupe d'huile d'olive
- ½ cuillère à café de poivre noir

1. Décongelez les crevettes si elles sont congelées. Épluchez et épluchez les crevettes; enlever les queues. Lavez les crevettes; Sécher avec du papier absorbant.

2. Remplissez une grande casserole à moitié avec de l'eau. Porter à ébullition. Ajoutez les crevettes à l'eau bouillante. Cuire à découvert pendant 1 à 2 minutes ou jusqu'à ce que les crevettes soient opaques; vidange. Rincez les crevettes à l'eau froide et égouttez-les à nouveau. Crevettes coupées en dés.

3. Dans un très grand bol non réactif, mélanger les crevettes, le concombre, le céleri, l'oignon, les jalapeños et le jus de lime. Couvrir et réfrigérer 1 heure en remuant une ou deux fois.

4. Ajoutez les tomates, l'avocat, la coriandre, l'huile d'olive et le poivre noir. Couvrir et laisser à température ambiante pendant 30 minutes. Remuer délicatement avant de servir.

SALADE DE CREVETTES ET EPINARDS AVEC CROUTE DE NOIX DE COCO

PREPARATION:25 minutes de cuisson : 8 minutes pour : 4 portions PHOTOGRAPHIER

BOMBES AEROSOLS D'HUILE D'OLIVE PRODUITES COMMERCIALEMENT PEUT CONTENIR DE L'ALCOOL DE GRAIN, DE LA LECITHINE ET DU PROPULSEUR – CE N'EST PAS UN MELANGE FANTASTIQUE LORSQUE VOUS ESSAYEZ DE MANGER DE VRAIS ALIMENTS PURS ET D'EVITER LES CEREALES, LES GRAISSES MALSAINES, LES LEGUMINEUSES ET LES PRODUITS LAITIERS. UN BRUMISATEUR D'HUILE UTILISE UNIQUEMENT DE L'AIR POUR PROPULSER L'HUILE DANS UNE FINE PULVERISATION, PARFAITE POUR ENROBER LEGEREMENT LES CREVETTES EN CROUTE DE NOIX DE COCO AVANT LA CUISSON.

1½ livre de crevettes extra grosses fraîches ou surgelées avec carapace
Flacon pulvérisateur Misto rempli d'huile d'olive extra vierge
2 oeufs
¾ tasse de noix de coco non sucrée, en flocons ou râpée
¾ tasse de farine d'amande
½ tasse d'huile d'avocat ou d'huile d'olive
3 cuillères à soupe de jus de citron frais
2 cuillères à soupe de jus de citron frais
2 petites gousses d'ail, hachées
⅛ à ¼ cuillère à café de poivron rouge broyé
8 tasses d'épinards frais
1 avocat moyen, coupé en deux, épépiné, pelé et tranché finement
1 petit poivron orange ou jaune, coupé en fines lanières
½ tasse d'oignon rouge haché

1. Décongelez les crevettes si elles sont congelées. Épluchez et nettoyez les crevettes en laissant les queues intactes.

Lavez les crevettes; Sécher avec du papier absorbant. Préchauffer le four à 450 ° F. Tapisser une grande plaque à pâtisserie de papier d'aluminium; enduire légèrement la feuille d'huile pulvérisée provenant du flacon Misto ; laissé de côté.

2. Dans une assiette peu profonde, battez les œufs à la fourchette. Dans un autre plat peu profond, mélangez la farine de noix de coco et d'amande. Trempez les crevettes dans les œufs en les retournant pour les enrober. Tremper dans le mélange de noix de coco, en appuyant pour bien enrober (laisser les queues sans enrobage). Disposez les crevettes en une seule couche sur la plaque à pâtisserie préparée. Enduisez le dessus des crevettes avec l'huile pulvérisée de la bouteille Misto.

3. Cuire au four de 8 à 10 minutes ou jusqu'à ce que les crevettes soient opaques et que la garniture soit légèrement dorée.

4. Pendant ce temps, pour la vinaigrette, dans un petit pot à vis, mélanger l'huile d'avocat, le jus de citron vert, le jus de citron vert, l'ail et le poivron rouge broyé. Couvrir et bien agiter.

5. Pour les salades, répartissez les épinards dans quatre assiettes. Garnir d'avocat, de poivrons, d'oignons rouges et de crevettes. Arrosez de sauce et servez aussitôt.

CEVICHE DE CREVETTES TROPICALES ET PÉTONCLES

PREPARATION:20 minutes de marinade : 30 à 60 minutes donne : 4 à 6 portions

UN CEVICHE FRAIS ET LEGER CONSTITUE UN EXCELLENT REPASPOUR UNE CHAUDE NUIT D'ETE. AVEC VINAIGRETTE MELON, MANGUE, PIMENT SERRANO, FENOUIL ET MANGUE-LIME (VOIR<u>REVENU</u>), C'EST UNE VERSION DOUCE ET CHALEUREUSE DE L'ORIGINAL.

- 1 livre de pétoncles frais ou surgelés
- 1 kilo de grosses crevettes fraîches ou surgelées
- 2 tasses de melon coupé en dés
- 2 mangues moyennes, dénoyautées, pelées et hachées (environ 2 tasses)
- 1 tête de fenouil, parée, coupée en quartiers, dénoyautée et tranchée finement
- 1 poivron rouge moyen, haché (environ ¾ tasse)
- 1 à 2 piments serrano, épépinés si désiré et tranchés finement (voir<u>conseil</u>)
- ½ tasse de coriandre fraîche légèrement tassée, hachée
- 1 recette de vinaigrette mangue et citron (voir<u>revenu</u>)

1. Décongeler les pétoncles et les crevettes si elles sont congelées. Fendez les pétoncles en deux horizontalement. Épluchez, nettoyez et divisez les crevettes en deux horizontalement. Lavez les pétoncles et les crevettes; Sécher avec du papier absorbant. Remplissez une grande casserole aux trois quarts d'eau. Porter à ébullition. Ajouter les crevettes et les pétoncles; cuire 3 à 4 minutes ou jusqu'à ce que les crevettes et les pétoncles soient opaques; égoutter et rincer à l'eau froide pour refroidir rapidement. Bien égoutter et réserver.

2. Dans un très grand bol, mélanger le cantaloup, la mangue, le fenouil, le poivron, le piment serrano et la coriandre. Ajouter la vinaigrette mangue-lime; mélanger doucement pour enrober. Incorporer délicatement les crevettes et les pétoncles cuits. Laisser mariner au réfrigérateur 30 à 60 minutes avant de servir.

CREVETTES JERK JAMAÏCAINES A L'HUILE D'AVOCAT

DU DEBUT A LA FIN : 20 minutes donnent : 4 portions

AVEC UN TEMPS TOTAL A TABLE DE 20 MINUTES, CE PLAT OFFRE UNE AUTRE RAISON IMPERIEUSE DE MANGER UN REPAS SAIN A LA MAISON, MEME LORS DES NUITS LES PLUS CHARGEES.

1 kilo de crevettes moyennes fraîches ou surgelées
1 tasse de mangue hachée et pelée (1 moyenne)
⅓ tasse d'oignon rouge émincé
¼ tasse de coriandre fraîche hachée
1 cuillère à soupe de jus de citron frais
2 à 3 cuillères à soupe d'assaisonnement Jerk jamaïcain (voir revenu)
1 cuillère à soupe d'huile d'olive extra vierge
2 cuillères à soupe d'huile d'avocat

1. Décongelez les crevettes si elles sont congelées. Dans un bol moyen, mélanger la mangue, l'oignon, la coriandre et le jus de citron vert.

2. Épluchez et nettoyez les crevettes. Lavez les crevettes; Sécher avec du papier absorbant. Placer les crevettes dans un bol moyen. Saupoudrer d'assaisonnement Jerk jamaïcain; remuer pour enrober les crevettes de tous les côtés.

3. Dans une grande poêle antiadhésive, faites chauffer l'huile d'olive à feu moyen-vif. Ajouter les crevettes; cuire et remuer pendant environ 4 minutes ou jusqu'à ce qu'il soit opaque. Arroser les crevettes d'huile d'avocat et servir avec le mélange de mangue.

LANGOUSTINES AUX CREVETTES, EPINARDS FANES ET RADICCHIO

PREPARATION:15 minutes de cuisson : 8 minutes pour : 3 portions

LES « SCAMPI » FONT REFERENCE A UN PLAT CLASSIQUE DU RESTAURANTDE GROSSES CREVETTES SAUTEES OU GRILLEES AVEC DU BEURRE ET BEAUCOUP D'AIL ET DE CITRON. CETTE VERSION EPICEE A L'HUILE D'OLIVE EST APPROUVEE PAR LES PALEO ET RENFORCEE SUR LE PLAN NUTRITIONNEL AVEC UN SAUTE RAPIDE DE RADICCHIO ET D'EPINARDS.

- 1 kilo de grosses crevettes fraîches ou surgelées
- 4 cuillères à soupe d'huile d'olive extra vierge
- 6 gousses d'ail, hachées
- ½ cuillère à café de poivre noir
- ¼ tasse de vin blanc sec
- ½ tasse de persil frais haché
- ½ tête de radicchio, épépinée et tranchée finement
- ½ cuillère à café de poivron rouge moulu
- 9 tasses de bébés épinards
- Tranches de citrons

1. Décongelez les crevettes si elles sont congelées. Épluchez et nettoyez les crevettes en laissant les queues intactes. Dans une grande poêle, faites chauffer 2 cuillères à soupe d'huile d'olive à feu moyen-vif. Ajouter les crevettes, 4 gousses d'ail émincées et le poivre noir. Cuire et remuer pendant environ 3 minutes ou jusqu'à ce que les crevettes soient opaques. Transférer le mélange de crevettes dans un bol.

2. Ajoutez le vin blanc dans la poêle. Cuire en remuant pour détacher l'ail doré du fond de la poêle. Versez le vin sur les crevettes; jouer pour correspondre. Mélangez le persil. Couvrir légèrement de papier d'aluminium pour garder au chaud; laissé de côté.

3. Ajoutez les 2 cuillères à soupe d'huile d'olive restantes, les 2 gousses d'ail émincées restantes, le radicchio et le poivron rouge écrasé dans la poêle. Cuire et remuer à feu moyen pendant 3 minutes ou jusqu'à ce que le radicchio commence à se flétrir. Incorporer délicatement les épinards; cuire et remuer pendant 1 à 2 minutes supplémentaires ou jusqu'à ce que les épinards soient juste fanés.

4. Pour servir, répartissez le mélange d'épinards dans trois assiettes; garnir du mélange de crevettes. Servir avec des quartiers de citron à presser sur les crevettes et les légumes verts.

SALADE DE CRABE A L'AVOCAT, PAMPLEMOUSSE ET JICAMA

DU DEBUT A LA FIN :30 minutes donnent : 4 portions

LA CHAIR DE CRABE EN GROS MORCEAUX OU A NAGEOIRES DORSALES EST MEILLEUREPOUR CETTE SALADE. LA CHAIR DE CRABE GEANT EST COMPOSEE DE GROS MORCEAUX QUI CONVIENNENT BIEN AUX SALADES. BACKFIN EST UN MELANGE DE MORCEAUX BRISES DE CHAIR DE CRABE ET DE PETITS MORCEAUX DE CHAIR DE CRABE PROVENANT DU CORPS DU CRABE. BIEN QUE PLUS PETIT QUE LE CRABE GEANT, LE BACKFIN FONCTIONNE TRES BIEN. BIEN SUR, LE CRABE FRAIS EST PREFERABLE, MAIS LE CRABE CONGELE DECONGELE EST UNE BONNE OPTION.

6 tasses de bébés épinards
½ jicama moyen, pelé et coupé en julienne*
2 pamplemousses roses ou rouge rubis, pelés, épépinés et tranchés**
2 petits avocats, coupés en deux
1 livre de chair de crabe géant ou de crabe arrière
Sauce basilic et pamplemousse (voir recette à droite)

1. Répartissez les épinards dans quatre assiettes de service. Garnir de jicama, de quartiers de pamplemousse et de jus accumulés, d'avocat et de chair de crabe. Arroser de sauce basilic et pamplemousse.

Sauce basilic-pamplemousse : Dans un bocal à vis, fouetter ensemble ⅓ tasse d'huile d'olive extra vierge ; ¼ tasse de jus de pamplemousse frais ; 2 cuillères à soupe de jus d'orange frais ; ½ d'une petite échalote hachée; 2 cuillères à soupe de basilic frais haché ; ¼ cuillère à café de poivron rouge broyé ; et ¼ cuillère à café de poivre noir. Couvrir et bien agiter.

*Astuce : Un éplucheur à julienne permet de couper rapidement le jicama en fines lanières.

**Conseil : Pour couper le pamplemousse, coupez une tranche à partir de l'extrémité de la tige et du bas du fruit. Placez-le debout sur un plan de travail. Coupez le fruit en tronçons de haut en bas, en suivant la forme arrondie du fruit, pour retirer la peau en lanières. Tenez le fruit au-dessus d'un bol et, à l'aide d'un couteau, coupez le centre du fruit sur les côtés de chaque segment pour le libérer de la moelle. Placer les segments dans le bol avec les jus accumulés. Jetez la moelle.

QUEUE DE HOMARD CAJUN BOUILLIE AVEC AÏOLI A L'ESTRAGON

PREPARATION:20 minutes de cuisson : 30 minutes donnent : 4 portionsPHOTOGRAPHIER

POUR UN DINER ROMANTIQUE A DEUX,CETTE RECETTE SE COUPE FACILEMENT EN DEUX. UTILISEZ DES CISEAUX DE CUISINE TRES TRANCHANTS POUR OUVRIR LA COQUILLE DES QUEUES DE HOMARD ET OBTENIR LA VIANDE RICHEMENT PARFUMEE.

- 2 recettes d'assaisonnement cajun (voirrevenu)
- 12 gousses d'ail, pelées et coupées en deux
- 2 citrons, coupés en deux
- 2 grosses carottes, pelées
- 2 branches de céleri, pelées
- 2 bulbes de fenouil, coupés en fines tranches
- 1 livre de champignons entiers
- 4 queues de homard du Maine de 7 à 8 onces
- 4 brochettes de bambou de 8 pouces
- ½ tasse de Paleo Aïoli (Mayo à l'ail) (voirrevenu)
- ¼ tasse de moutarde de Dijon (voirrevenu)
- 2 cuillères à soupe d'estragon ou de persil frais haché

1. Dans une casserole de 8 litres, mélanger 6 tasses d'eau, l'assaisonnement cajun, l'ail et les citrons. Porter à ébullition; faire bouillir pendant 5 minutes. Réduire le feu pour maintenir le liquide à ébullition.

2. Coupez les carottes et le céleri en travers en quatre morceaux. Ajouter les carottes, le céleri et le fenouil au liquide. Couvrir et cuire 10 minutes. Ajouter les

champignons; couvrir et cuire 5 minutes. À l'aide d'une écumoire, transférer les légumes dans un bol; Garder au chaud.

3. En commençant par l'extrémité du corps de chaque queue de homard, insérez une brochette entre la viande et la carapace, en faisant presque tout le tour de l'extrémité de la queue. (Cela empêchera la queue de s'enrouler pendant la cuisson.) Réduisez le feu. Cuire les queues de homard dans le liquide à peine frémissant de la poêle pendant 8 à 12 minutes ou jusqu'à ce que les coquilles deviennent rouges et que la viande soit tendre lorsqu'on la pique avec une fourchette. Retirez le homard du liquide de cuisson. Utilisez un torchon pour maintenir les queues de homard et retirez et jetez les brochettes.

4. Dans un petit bol, fouetter ensemble le Paleo Aïoli, la moutarde de Dijon et l'estragon. Servir avec du homard et des légumes.

FRITES DE MOULES A L'AÏOLI AU SAFRAN

DU DEBUT A LA FIN : 1¼ HEURE DONNE : 4 PORTIONS

CECI EST UNE VERSION PALEO DU CLASSIQUE FRANÇAISDE MOULES CUITES AU VIN BLANC ET AUX HERBES ET ACCOMPAGNEES DE FRITES FINES ET CROUSTILLANTES A BASE DE POMMES DE TERRE BLANCHES. JETEZ TOUTES LES MOULES QUI NE SE FERMENT PAS AVANT LA CUISSON ET TOUTES LES MOULES QUI NE S'OUVRENT PAS APRES LA CUISSON.

FRITES

- 1½ livre de panais, pelés et coupés en julienne de 3×¼ pouces
- 3 cuillères à soupe d'huile d'olive
- 2 gousses d'ail, hachées
- ¼ cuillère à café de poivre noir
- ⅛ cuillère à café de poivre de Cayenne

AÏOLI AU SAFRAN

- ⅓ tasse de Paleo Aïoli (Mayo à l'ail) (voir revenu)
- ⅛ cuillère à café de fils de safran légèrement écrasés

MOULES

- 4 cuillères à soupe d'huile d'olive
- ½ tasse de ciboulette hachée
- 6 gousses d'ail, hachées
- ¼ cuillère à café de poivre noir
- 3 tasses de vin blanc sec
- 3 grosses branches de persil lisse
- 4 kilos de moules nettoyées et imberbes*
- ¼ tasse de persil italien frais haché (feuille plate)
- 2 cuillères à soupe d'estragon frais haché (facultatif)

1. Pour les frites de panais, préchauffer le four à 450 °F. Faire tremper les panais coupés dans suffisamment d'eau froide pour les couvrir au réfrigérateur pendant 30 minutes ; égoutter et sécher avec du papier absorbant.

2. Tapisser une grande plaque à pâtisserie de papier sulfurisé. Placez les panais dans un très grand bol. Dans un petit bol, mélanger 3 cuillères à soupe d'huile d'olive, 2 gousses d'ail émincées, ¼ de cuillère à café de poivre noir et de poivre de Cayenne ; Arroser de panais et mélanger pour bien enrober. Disposez les panais en une couche uniforme sur la plaque à pâtisserie préparée. Cuire au four pendant 30 à 35 minutes ou tendre et commençant à dorer, en remuant de temps en temps.

3. Pour l'aïoli, dans un petit bol, mélanger le Paleo Aïoli et le safran. Couvrir et mettre au réfrigérateur jusqu'au moment de servir.

4. Pendant ce temps, dans une casserole de 6 à 8 litres ou un faitout, faites chauffer 4 cuillères à soupe d'huile d'olive à feu moyen. Ajouter les échalotes, 6 gousses d'ail et ¼ cuillère à café de poivre noir; cuire environ 2 minutes ou jusqu'à ce qu'ils soient ramollis et flétris, en remuant fréquemment.

5. Ajoutez le vin et les brins de persil dans la poêle ; porter à ébullition. Ajoutez les moules en remuant plusieurs fois. Couvrir hermétiquement et cuire à la vapeur pendant 3 à 5 minutes ou jusqu'à ce que les coquilles s'ouvrent, en remuant doucement deux fois. Jetez toutes les moules qui ne s'ouvrent pas.

6. À l'aide d'une grande écumoire, transférez les moules dans des assiettes creuses peu profondes. Retirez et jetez les brins de persil du liquide de cuisson; verser le liquide de cuisson sur les moules. Saupoudrer de persil haché et, si désiré, d'estragon. Servir aussitôt avec des frites et un aïoli au safran.

*Astuce : Cuire les moules le jour même de leur achat. Si vous utilisez des moules sauvages, faites-les tremper dans un bol d'eau froide pendant 20 minutes pour aider à éliminer le sable et les graviers. (Ce n'est pas nécessaire pour les moules d'élevage.) À l'aide d'une brosse dure, frottez les moules une à la fois sous l'eau courante froide. Faites cuire les moules à la vapeur environ 10 à 15 minutes avant la cuisson. La barbe est le petit amas de fibres qui émergent de la coquille. Pour retirer la barbe, tenez la ficelle entre votre pouce et votre index et tirez vers la charnière. (Cette méthode ne tuera pas la moule.) Vous pouvez également utiliser des pinces ou des pinces à poisson. Assurez-vous que la coquille de chaque moule est bien fermée. Si des coquilles sont ouvertes, tapotez-les doucement sur le comptoir. Jetez les moules qui ne se ferment pas au bout de quelques minutes. Jeter les moules dont la coquille est fissurée ou endommagée.

PETONCLES POELES AVEC RELISH DE BETTERAVE

DU DEBUT A LA FIN : 30 minutes donnent : 4 portions PHOTOGRAPHIER

POUR UNE BELLE CROUTE DOREE, ASSUREZ-VOUS QUE LA SURFACE DES PETONCLES EST TRES SECHE – ET QUE LA POELE EST TRES CHAUDE – AVANT DE LES AJOUTER A LA POELE. LAISSEZ EGALEMENT LES PETONCLES SAISIR TRANQUILLEMENT PENDANT 2 A 3 MINUTES, EN VERIFIANT SOIGNEUSEMENT AVANT DE LES RETOURNER.

- 1 livre de pétoncles frais ou surgelés, essuyés avec du papier absorbant
- 3 betteraves rouges moyennes, pelées et hachées
- ½ pomme Granny Smith, pelée et hachée
- 2 piments jalapeños, équeutés, épépinés et hachés (voir conseil)
- ¼ tasse de coriandre fraîche hachée
- 2 cuillères à soupe d'oignon rouge finement haché
- 4 cuillères à soupe d'huile d'olive
- 2 cuillères à soupe de jus de citron frais
- poivre blanc

1. Décongeler les pétoncles s'ils sont congelés.

2. Pour la saveur de betterave, dans un bol moyen, mélanger les betteraves, la pomme, les jalapeños, la coriandre, l'oignon, 2 cuillères à soupe d'huile d'olive et le jus de citron vert. Bien mélanger. Réservez pendant que vous préparez les pétoncles.

3. Lavez les pétoncles ; Sécher avec du papier absorbant. Dans une grande poêle, faites chauffer les 2 cuillères à soupe d'huile d'olive restantes à feu moyen-vif. Ajouter les pétoncles; faire sauter pendant 4 à 6 minutes ou jusqu'à

ce que l'extérieur soit doré et légèrement opaque. Saupoudrer légèrement les Saint-Jacques de poivre blanc.

4. Pour servir, répartissez uniformément la relish de betterave rouge dans les assiettes de service; garnir de pétoncles. Sers immédiatement.

PÉTONCLES POELES AVEC SALSA DE CONCOMBRE ET D'ANETH

PREPARATION:35 minutes Réfrigérer : 1 à 24 heures Griller : 9 minutes Pour : 4 portions

VOICI UNE ASTUCE POUR OBTENIR LES AVOCATS LES PLUS PARFAITS :ACHETEZ-LES LORSQU'ILS SONT VERT VIF ET DURS, PUIS FAITES-LES MURIR SUR LE COMPTOIR PENDANT QUELQUES JOURS - JUSQU'A CE QU'ILS CEDENT UN PEU LORSQU'ON LES APPUIE LEGEREMENT AVEC LES DOIGTS. LORSQU'ILS SONT DURS ET VERTS, ILS NE SONT PAS BLESSES PAR LE TRAFIC DU MARCHE.

- 12 ou 16 pétoncles frais ou surgelés (1¼ à 1¾ livre au total)
- ¼ tasse d'huile d'olive
- 4 gousses d'ail, hachées
- 1 cuillère à café de poivre noir fraîchement moulu
- 2 courgettes moyennes, parées et coupées en deux dans le sens de la longueur
- ½ concombre moyen, coupé en deux dans le sens de la longueur et tranché finement sur la largeur
- 1 avocat moyen, coupé en deux, épépiné, pelé et haché
- 1 tomate moyenne, dénoyautée, épépinée et hachée
- 2 cuillères à café de menthe fraîche hachée
- 1 cuillère à café d'aneth frais haché

1. Décongeler les pétoncles s'ils sont congelés. Rincer les pétoncles à l'eau froide; Sécher avec du papier absorbant. Dans un grand bol, mélanger 3 cuillères à soupe d'huile, l'ail et ¾ cuillère à café de poivre. Ajouter les pétoncles; mélanger doucement pour enrober. Couvrir et réfrigérer pendant au moins 1 heure ou jusqu'à 24 heures, en remuant doucement de temps en temps.

2. Badigeonnez les moitiés de courgettes avec la cuillère à soupe d'huile restante; saupoudrer uniformément du quart de cuillère à café de poivre restant.

3. Égoutter les pétoncles en jetant la marinade. Enfilez deux brochettes de 10 à 12 pouces dans chaque pétoncle, en utilisant 3 ou 4 pétoncles pour chaque paire de brochettes et en laissant un espace de ½ pouce entre les pétoncles.* (Enfiler les pétoncles sur deux brochettes aide à les maintenir stables lors de la cuisson et du retournement.)

4. Pour un gril au charbon de bois ou au gaz, placez les brochettes de pétoncles et les moitiés de courgettes directement sur le gril à feu moyen.** Couvrir et griller jusqu'à ce que les pétoncles soient opaques et que les courgettes soient tendres, en les retournant à mi-cuisson du gril. Laisser 6 à 8 minutes pour les pétoncles et 9 à 11 minutes pour les courgettes.

5. Pendant ce temps, pour la salsa, dans un bol moyen, mélanger le concombre, l'avocat, la tomate, la menthe et l'aneth. Mélanger délicatement pour combiner. Placer 1 brochette de pétoncles sur chacune des quatre assiettes de service. Coupez les courgettes en deux en diagonale et ajoutez-les aux assiettes avec les pétoncles. Répartir uniformément le mélange de concombre sur les pétoncles.

*Conseil : si vous utilisez des brochettes en bois, trempez-les dans suffisamment d'eau pour les couvrir pendant 30 minutes avant de les utiliser.

**Pour griller : Préparez comme indiqué à l'étape 3. Placez les brochettes de pétoncles et les moitiés de courgettes sur la grille non chauffée d'une plaque à pâtisserie. Griller à 4 à 5 pouces du feu jusqu'à ce que les pétoncles soient opaques et que les courgettes soient tendres, en les retournant une fois à mi-cuisson. Comptez 6 à 8 minutes pour les Saint-Jacques et 10 à 12 minutes pour les courgettes.

PETONCLES POELES AVEC SAUCE TOMATE, HUILE D'OLIVE ET HERBES

PREPARATION:20 minutes de cuisson : 4 minutes pour : 4 portions

LA VINAIGRETTE RESSEMBLE PRESQUE A UNE VINAIGRETTE CHAUDE.L'HUILE D'OLIVE, LES TOMATES FRAICHES HACHEES, LE JUS DE CITRON ET LES HERBES SONT COMBINES ET CHAUFFES TRES DOUCEMENT - JUSTE ASSEZ POUR FUSIONNER LES SAVEURS - PUIS SERVIS AVEC LES PETONCLES POELES ET UNE SALADE CROQUANTE DE POUSSES DE TOURNESOL.

PETONCLES ET SAUCE
- 1 à 1½ livre de gros pétoncles frais ou surgelés (environ 12)
- 2 grosses tomates Roma, pelées*, épépinées et hachées
- ½ tasse d'huile d'olive
- 2 cuillères à soupe de jus de citron frais
- 2 cuillères à soupe de basilic frais haché
- 1 à 2 cuillères à café de ciboulette ciselée
- 1 cuillère d'huile d'olive

SALADE
- 4 tasses de pousses de tournesol
- 1 citron, coupé en quartiers
- Huile d'olive vierge extra

1. Décongeler les pétoncles s'ils sont congelés. Lavez les pétoncles; sec. Je l'ai laissé de côté.

2. Pour la sauce, dans une petite casserole, mélanger les tomates, ½ tasse d'huile d'olive, le jus de citron, le basilic et la ciboulette ; laissé de côté.

3. Dans une grande poêle, faites chauffer 1 cuillère à soupe d'huile d'olive à feu moyen-vif. Ajouter les pétoncles; cuire 4 à 5 minutes ou jusqu'à ce qu'ils soient dorés et opaques, en les retournant une fois à mi-cuisson.

4. Pour la salade, placez les pousses dans un bol. Pressez les tranches de citron sur les pousses et arrosez d'un peu d'huile d'olive. Tirez pour correspondre.

5. Faites chauffer la sauce à feu doux jusqu'à ce qu'elle soit chaude ; ne faites pas bouillir. Pour servir, déposer un peu de sauce au centre de l'assiette ; garnir de 3 pétoncles. Servir avec la salade de pousses.

*Conseil : Pour peler facilement une tomate, placez-la dans une casserole d'eau bouillante pendant 30 secondes à 1 minute ou jusqu'à ce que la peau commence à se fissurer. Retirez les tomates de l'eau bouillante et plongez-les immédiatement dans un bol d'eau glacée pour arrêter la cuisson. Lorsque la tomate est suffisamment froide pour être manipulée, retirez la peau.

CHOU-FLEUR ROTI AU CUMIN, FENOUIL ET CIBOULETTE

PREPARATION:15 minutes de cuisson : 25 minutes donnent : 4 portionsPHOTOGRAPHIER

IL Y A QUELQUE CHOSE DE PARTICULIEREMENT ATTRAYANTSUR LA COMBINAISON DU CHOU-FLEUR ROTI ET DE LA SAVEUR GRILLEE ET TERREUSE DU CUMIN. CE PLAT A L'ELEMENT SUCRE SUPPLEMENTAIRE DES GROSEILLES A MAQUEREAU SECHEES. SI VOUS LE SOUHAITEZ, VOUS POUVEZ AJOUTER UN PEU DE PIQUANT AVEC ¼ A ½ CUILLERE A CAFE DE POIVRON ROUGE BROYE AVEC LE CUMIN ET LES GROSEILLES A L'ETAPE 2.

3 cuillères à soupe d'huile de coco non raffinée
1 chou-fleur moyen, coupé en fleurons (4 à 5 tasses)
2 têtes de fenouil hachées grossièrement
1 ½ tasse d'oignons perlés surgelés, décongelés et égouttés
¼ tasse de groseilles séchées
2 cuillères à café de cumin moulu
Aneth frais haché (facultatif)

1. Dans une très grande poêle, faites chauffer l'huile de coco à feu moyen. Ajouter le chou-fleur, le fenouil et l'oignon perlé. Couvrir et cuire 15 minutes en remuant de temps en temps.

2. Réduire le feu à moyen-doux. Ajouter les groseilles et le cumin dans la poêle; cuire à découvert environ 10 minutes ou jusqu'à ce que le chou-fleur et le fenouil soient tendres et dorés. Si vous le souhaitez, décorez d'aneth.

SAUCE EPAISSE AUX TOMATES ET AUBERGINES AVEC COURGE SPAGHETTI

PREPARATION:30 minutes Cuisson : 50 minutes Refroidissement : 10 minutes Cuisson : 10 minutes Pour : 4 portions

CE PLAT EPICE SE RETOURNE FACILEMENTDANS UN PLAT PRINCIPAL. AJOUTEZ ENVIRON 1 LIVRE DE BŒUF HACHE OU DE BISON CUIT AU MELANGE D'AUBERGINES ET DE TOMATES APRES AVOIR LEGEREMENT ECRASE AVEC UN PRESSE-PUREE.

1 2 à 2 ½ livres de courge spaghetti
2 cuillères à soupe d'huile d'olive
1 tasse d'aubergines hachées et pelées
¾ tasse d'oignon haché
1 petit poivron rouge, haché (½ tasse)
4 gousses d'ail, hachées
4 tomates mûres rouges moyennes, pelées si désiré et hachées grossièrement (environ 2 tasses)
½ tasse de basilic frais déchiré

1. Préchauffer le four à 375°F. Tapisser une petite plaque à pâtisserie de papier sulfurisé. Coupez la courge spaghetti en deux sur la largeur. Utilisez une grande cuillère pour gratter les graines et les fils. Placer les moitiés de citrouille, côté coupé vers le bas, sur la plaque à pâtisserie préparée. Cuire au four, à découvert, pendant 50 à 60 minutes ou jusqu'à ce que la citrouille soit tendre. Laisser refroidir sur une grille pendant environ 10 minutes.

2. Pendant ce temps, dans une grande poêle, faites chauffer l'huile d'olive à feu moyen. Ajouter l'oignon, l'aubergine et

le poivron; cuire 5 à 7 minutes ou jusqu'à ce que les légumes soient tendres, en remuant de temps en temps. Ajouter l'ail; cuire et remuer 30 secondes de plus. Ajouter les tomates; cuire 3 à 5 minutes ou jusqu'à ce que les tomates soient tendres, en remuant de temps en temps. A l'aide d'un presse purée, écrasez légèrement le mélange. Incorporer la moitié du basilic. Couvrir et cuire 2 minutes.

3. Utilisez une manique ou une serviette pour tenir les moitiés de citrouille. Utilisez une fourchette pour gratter la pulpe de citrouille dans un bol moyen. Répartissez le potiron dans quatre assiettes de service. Enrober uniformément de sauce. Saupoudrer du basilic restant.

CHAMPIGNONS PORTOBELLO FARCIS

PREPARATION:35 minutes de cuisson : 20 minutes de cuisson : 7 minutes donne : 4 portions

POUR OBTENIR LES PORTOBELLOS LES PLUS FRAIS,RECHERCHEZ LES CHAMPIGNONS DONT LA TIGE EST ENCORE INTACTE. LES BRANCHIES DOIVENT PARAITRE HUMIDES, MAIS PAS MOUILLEES OU NOIRES, ET IL DOIT Y AVOIR UNE BONNE SEPARATION ENTRE ELLES. POUR PREPARER TOUT TYPE DE CHAMPIGNON A LA CUISSON, ESSUYEZ-LE AVEC UNE SERVIETTE EN PAPIER LEGEREMENT HUMIDE. NE PLACEZ JAMAIS LES CHAMPIGNONS DANS L'EAU ET NE LES PLONGEZ JAMAIS DANS L'EAU – ILS SONT TRES ABSORBANTS ET DEVIENDRONT MOUS ET DETREMPES.

- 4 gros champignons portobello (environ 1 livre au total)
- ¼ tasse d'huile d'olive
- 1 cuillère à soupe d'assaisonnement fumé (voir revenu)
- 2 cuillères à soupe d'huile d'olive
- ½ tasse de ciboulette hachée
- 1 cuillère d'ail haché
- 1 livre de blettes, équeutées et hachées (environ 10 tasses)
- 2 cuillères à café d'assaisonnement méditerranéen (voir revenu)
- ½ tasse de radis hachés

1. Préchauffer le four à 400°F. Retirez les tiges des champignons et réservez pour l'étape 2. Utilisez le bout d'une cuillère pour gratter les branchies des chapeaux ; jetez les branchies. Placer les chapeaux de champignons dans un plat allant au four rectangulaire de 3 litres; Badigeonner les deux côtés des champignons avec ¼ tasse d'huile d'olive. Retournez les chapeaux des champignons

de manière à ce que les côtés de la tige soient vers le haut. saupoudrer d'assaisonnement fumé. Couvrir le plat allant au four de papier d'aluminium. Cuire au four, à couvert, environ 20 minutes ou jusqu'à tendreté.

2. Pendant ce temps, hachez les pieds de champignons réservés ; laissé de côté. Pour préparer les blettes, retirez les côtes épaisses des feuilles et jetez-les. Hachez grossièrement les feuilles de blettes.

3. Dans une très grande poêle, faites chauffer les 2 cuillères à soupe d'huile d'olive à feu moyen. Ajouter la ciboulette et l'ail; cuire et remuer pendant 30 secondes. Ajouter les pieds de champignons hachés, les blettes hachées et l'assaisonnement méditerranéen. Cuire à découvert pendant 6 à 8 minutes ou jusqu'à ce que les blettes soient tendres, en remuant de temps en temps.

4. Répartissez le mélange de blettes entre les chapeaux de champignons. Versez le reste du liquide dans le plat allant au four sur les champignons farcis. Garnir de radis hachés.

RADICCHIO ROTI

PREPARATION:20 minutes de cuisson : 15 minutes donnent : 4 portions

LE RADICCHIO EST LE PLUS SOUVENT CONSOMMEDANS LE CADRE D'UNE SALADE POUR APPORTER UNE BELLE AMERTUME AU MELANGE DE MESCLUN - MAIS IL PEUT EGALEMENT ETRE ROTI OU GRILLE SEUL. UNE LEGERE AMERTUME EST INHERENTE AU RADICCHIO, MAIS IL NE FAUT PAS QU'ELLE SOIT ECRASANTE. RECHERCHEZ DES TETES PLUS PETITES DONT LES FEUILLES SEMBLENT FRAICHES ET CROQUANTES – PAS FANEES. L'EXTREMITE COUPEE PEUT ETRE UN PEU BRUNE, MAIS ELLE DOIT ETRE MAJORITAIREMENT BLANCHE. DANS CETTE RECETTE, UN PEU DE VINAIGRE BALSAMIQUE AVANT DE SERVIR AJOUTE UNE TOUCHE DE DOUCEUR.

- 2 grosses têtes de radicchio
- ¼ tasse d'huile d'olive
- 1 cuillère à café d'assaisonnement méditerranéen (voir revenu)
- ¼ tasse de vinaigre balsamique

1. Préchauffer le four à 400°F. Coupez la chicorée en quartiers en laissant une partie du noyau attachée (vous devriez avoir 8 tranches). Badigeonner les côtés coupés des tranches de radicchio d'huile d'olive. Placer les tranches, côté coupé vers le bas, sur une plaque à pâtisserie; saupoudrer d'assaisonnement méditerranéen.

2. Cuire au four environ 15 minutes ou jusqu'à ce que le radicchio soit fané, en le retournant une fois à mi-cuisson. Disposez le radicchio sur une assiette. Arroser de vinaigre balsamique; sers immédiatement.

www.ingramcontent.com/pod-product-compliance
Lightning Source LLC
Chambersburg PA
CBHW071828110526
44591CB00011B/1267